Serie Bianca Feltrinelli

CARLO COTTARELLI
LA LISTA DELLA SPESA
LA VERITÀ SULLA SPESA PUBBLICA ITALIANA E SU COME SI PUÒ TAGLIARE

Prima edizione in "Serie Bianca" maggio 2015
Seconda edizione giugno 2015

Stampa Grafica Veneta S.p.A. di Trebaseleghe - PD

ISBN 978-88-07-17291-5

FSC
www.fsc.org
MISTO
Carta
da fonti gestite in
maniera responsabile
FSC® C021883

Ma s'io avessi previsto tutto questo...
forse farei lo stesso.

Francesco Guccini

Introduzione

Il mattino del 27 giugno 2013, mentre sono al lavoro nel mio ufficio di direttore del dipartimento di Finanza pubblica del Fondo monetario internazionale, Maria David, la mia segretaria, mi avverte che mi sta chiamando da Roma il ministro Saccomanni. Conosco Fabrizio da trent'anni, da quando ero un economista nel Servizio studi della Banca d'Italia e lui un dirigente del settore internazionale. Rispondo. Mi chiede se sono interessato a tornare in Italia per un anno come commissario per la Revisione della spesa, incarico in precedenza svolto da Enrico Bondi. Lo ringrazio per aver pensato a me, ma gli rispondo di no. Lasciare Washington dopo venticinque anni passati al Fondo monetario internazionale non è facile. E poi, gli chiedo, che bisogno c'è di un commissario per la Spesa pubblica? Non esiste una figura simile in altri paesi.

Ma insiste. È lo stesso presidente del Consiglio Letta a pensare che io sia la persona giusta. Sul perché ci sia bisogno di un commissario, il ministro sostiene che consentirà di accrescere, nel dibattito pubblico, il rilievo della Revisione della spesa, che è essenziale per il paese. Dopo un po' di giorni cedo. Certo, non è una decisione facile, anche perché la mia famiglia resta a Washington. Ma non resisto al desiderio, che ho sempre avuto, di tornare in Italia. Mi accordo per una nomina triennale (dopo un anno vediamo se continuare...) e con la responsabilità di fare proposte al governo su tutta la spesa pubblica (tranne ovviamente quella dovuta agli interessi sul debito).

A inizio luglio sono a Roma dove incontro il presidente del Consiglio per confermare la mia disponibilità. Ma proprio quel giorno la Corte di cassazione decide che il giudizio sul processo Mediaset sarebbe arrivato prima della pausa estiva. Si apre un periodo di incertezza politica durante il quale la mia nomina viene congelata. Passo un'estate in attesa di una telefonata da Roma. A fine settembre il destino del governo Letta sembra segnato. Dico a casa che quasi certamente non partirò. Ma il primo ottobre arriva la telefonata da Saccomanni. Il governo pensa di poter ottenere la fiducia e il presidente Letta intende annunciare la mia nomina durante il discorso di fiducia, previsto per il giorno seguente. Mi dimetto dal Fondo monetario internazionale. L'ultimo giorno al Fondo è il 18 ottobre. Il 21 ottobre inizio a lavorare a Roma.

Facciamo un salto in avanti. Passa un anno difficile ma interessantissimo. A ottobre mi dimetto da commissario, con decorrenza 31 ottobre 2014. Rientro a Washington. Torno al Fondo monetario, non più nello staff, ma come rappresentante all'Executive Board dell'Italia e di altri cinque stati. In un modo diverso continuo a lavorare per il mio paese.

Questo libro, chiariamolo subito, non è la cronistoria di quest'anno vissuto pericolosamente. Il lettore non si attenda rivelazioni su quello che accade nei corridoi dei ministeri romani. Non ho molto da offrire in proposito. Spero invece che il libro possa fare un po' di chiarezza sulla spesa pubblica in Italia. Una cosa ho imparato in quest'anno: ci sono troppe "leggende metropolitane", con esagerazioni sia in un senso ("tutta la spesa è spreco") sia nell'altro ("se si taglia la spesa pubblica si distrugge il welfare state"). Credo sia utile spiegare, in termini semplici ma precisi, quanto si spende, come si spende, quanto è già stato fatto e quanto resta da fare. Il libro, quindi, non è scritto per gli specialisti del settore, ma spero possa interessare anche a loro. Non troverete né tavole né grafici. Il mio editore dice che ogni tavola dimezza le vendite. Ma i numeri rilevanti sono nel testo. Spero non vi annoino troppo.

Ho cercato di spiegare le cose nel modo più semplice possibile. Qualche caveat però:

- È inevitabile far riferimento qualche volta a quanto si spende non in milioni o miliardi di euro, ma rispetto al Pil. Il Pil (Prodotto interno lordo) è quanto produce un paese in un certo periodo di tempo (un anno, se lo si confronta con la spesa pubblica annuale). Rapportare la spesa al Pil vuol dire confrontarla rispetto alla dimensione dell'economia. È utile per fare confronti tra paesi diversi e per fare paragoni nel tempo (questo serve anche a liberare l'andamento della spesa dall'effetto dell'inflazione, che agisce sul Pil stesso).
- Troverete spesso confronti tra la spesa pubblica italiana e quella di altri paesi, o gruppi di paesi. In particolare è utile confrontare la spesa italiana con quella dei cosiddetti "paesi avanzati", quelli a reddito più elevato (l'Italia ha ancora – nonostante la severa contrazione del Pil dal 2003 al 2014 – un livello di reddito tale da qualificarla nel gruppo dei paesi avanzati). Confrontarsi con gli altri paesi avanzati è utile perché, in generale, la spesa pubblica tende ad aumentare con il livello di reddito. I paesi emergenti hanno livelli di spesa molto più bassi: il confronto con essi esagererebbe lo spazio per una sua riduzione.
- Troverete anche confronti tra la spesa pubblica italiana e quella dei paesi dell'area dell'euro. Questi sono i nostri immediati concorrenti sui mercati internazionali, visto che non possiamo svalutare la nostra moneta per migliorare la nostra competitività nei loro confronti. Quello che fanno, anche con la spesa pubblica e la tassazione, è perciò particolarmente importante per noi.

È necessario chiarire i riferimenti che troverete alla Revisione della spesa che ho condotto come commissario. Nei primi mesi il lavoro è proceduto in parallelo su due livelli. Il primo è stato costituito dai 25 gruppi di lavoro che hanno operato, con qualche eccezione, da dicembre

2014 a febbraio 2015, quasi tutti guidati da rappresentanti della stessa pubblica amministrazione: 8 gruppi tematici o "orizzontali" e 17 gruppi "verticali" per le varie componenti della pubblica amministrazione (i 13 ministeri, la presidenza del Consiglio, più regioni, province e comuni). A questi gruppi è stato chiesto di presentare proposte di risparmio entro la fine di febbraio 2015. Tuttavia, visto che non potevo essere sicuro che avrebbero avanzato proposte concrete, ho proceduto anche su un secondo piano attraverso il cosiddetto "Gruppo di base" costituito da me e dalle persone, alcune a tempo pieno, altre part-time, che hanno operato direttamente con me. Ho fatto bene, perché se i gruppi di lavoro "orizzontali" hanno prodotto qualche proposta di riforma, le proposte avanzate dai gruppi verticali sono state, con qualche eccezione, limitate. Cinque gruppi di lavoro verticali non hanno completato nemmeno i lavori, anche per la caduta del governo Letta.

Nel libro si fa talvolta riferimento alle "proposte dei gruppi di lavoro". Con questo si intende uno dei 25 gruppi orizzontali o verticali. I loro rapporti sono stati pubblicati a inizio aprile 2015 (http://revisionedellaspesa.gov.it/rapportigruppilavoro.html). Nel libro si fa invece più spesso riferimento alle "proposte della Revisione della spesa". Con questo termine si intendono le proposte avanzate dal commissario stesso, molte delle quali sono contenute nelle slide raccolte sotto il titolo "Proposte per una Revisione della spesa pubblica (2014-2016)" dell'11 marzo 2014. Anche questo documento è mai stato ufficialmente pubblicato a inizio aprile 2015 (http://revisionedellaspesa.gov.it/documenti/PRIME_PROPOSTE_PER_UNA_REVISIONE_DELLA_SPESA_xfinalex.pdf) anche se era stato già oggetto di una fuga di notizie ed era finito su diversi diti web non appena completato.

Ho aggiornato il libro alla luce degli sviluppi e delle informazioni disponibili fino a inizio aprile 2015. Di questo il lettore dovrà tenere conto: probabilmente alcune misure saranno state introdotte successivamente a questa data (spero, naturalmente, siano in linea con i miei suggerimenti).

Un ultimo chiarimento: il termine "Revisione della spesa" (con la maiuscola) indica la specifica azione di revisione della spesa condotta nel periodo in cui sono stato commissario; con la lettera minuscola il termine viene usato per indicare l'azione generale.

Vorrei ringraziare chi ha commentato la prima stesura di alcuni capitoli di questo libro, quasi tutti parte del "Gruppo di base": Lorenzo Ardissone, Mariella Cozzolino, Lucio Landi, Francesco Licci, Daniela Marchesi e Guido Nannariello. Ringrazio anche gli altri membri del Gruppo di base che hanno partecipato al lavoro di Revisione della spesa: Chiara Goretti (di fatto il mio braccio destro), Giovanni Cesaroni, Bruno D'Offizi, Gavino Mura, Maurizio Pala, Simona Piccinini, Andrea Riccardi, Maurizio Sagliocco, Patrizia Sarno, Flavia Terribile, Luisa Tiberio, Lorena Urbani e Gabriele Velpi. Ringrazio infine le altre persone che a vario titolo hanno contribuito al lavoro di Revisione della spesa, sia funzionari dei vari ministeri (soprattutto quelli della Ragioneria generale dello stato) e di altre componenti dell'amministrazione centrale e locale, sia docenti universitari (in particolare il professor Andreatta, il professor Arrigo, il professor Bordignon, il professor Longobardi, il professor Ponti e il professor Zanardi).

Le idee espresse nel libro sono mie personali e non riflettono necessariamente quelle del Fondo monetario internazionale né quelle delle autorità italiane.

Dedico questo libro alla memoria dei miei genitori che mi hanno insegnato l'importanza della *res publica*.

I proventi dei diritti di autore di questo libro verranno versati all'Unicef.

1.

La spesa pubblica in Italia: chi, quanto e per cosa si spende?

Per capire come si possa ridurre la spesa pubblica in Italia senza causare "danni collaterali", occorre innanzitutto chiarire chi spende, quanto si spende e per cosa si spende. È l'obiettivo di questo capitolo, che servirà anche a presentare alcuni dei temi trattati nelle pagine successive e a spiegare perché una riduzione mirata della spesa pubblica può far bene all'economia italiana.

Chi e quanto si spende?

La spesa pubblica in Italia ammontava nel 2013 (finora l'ultimo anno per cui l'Istat ha pubblicato dati definitivi) a 818 miliardi di euro (un po' più della metà del Pil del paese e circa 13.700 euro per ogni persona residente in Italia). Di questi, 78 miliardi sono interessi che le pubbliche amministrazioni pagano sul proprio debito. Nel mio lavoro come commissario mi sono occupato della spesa al netto degli interessi, la cosiddetta spesa "primaria" (i restanti 739 miliardi). Il motivo è semplice. La spesa per interessi si può ridurre solo in due modi.

O ripagando il debito pubblico. Questo però richiede una riduzione delle spese primarie o un aumento delle tasse.

O rifiutandosi di pagare gli interessi e di rimborsare il debito stesso (facendo *default*, per dirla all'inglese, o ripudiando il debito, per dirla in italiano). Se un paese fa default perde credibilità e diventa più difficile in futuro prendere a prestito. E poi anche questa è una tassa, una tassa su chi detiene titoli di stato, cosa che spesso non viene considerata da chi sostiene che questa sia la strada da percorrere.[1] Quindi fare default non è un'alternativa all'austerità se, come nel caso italiano, il debito è detenuto in gran parte da famiglie e imprese italiane o da paesi esteri molto integrati con l'economia nazionale (la cui "tassazione" inevitabilmente si ripercuoterebbe anche sulla nostra economia). Tutto sommato, meglio lasciar perdere.

Concentriamoci allora su questi 739 miliardi di spesa primaria. Chi li spende?

- La parte del leone la fanno gli enti previdenziali (soprattutto l'Inps) con quasi metà della spesa (320 miliardi, o il 43 per cento del totale). Si tratta soprattutto di pensioni ma anche di altri trasferimenti alle famiglie per varie forme di assistenza, o welfare (quali sussidi di disoccupazione, pensioni d'invalidità eccetera; si veda la discussione nel capitolo 13).
- Seguono le amministrazioni centrali dello stato (ministeri e vari enti pubblici). Ma qui si scende in un colpo a un quarto della spesa (190 miliardi), il che conferma il predominio nella spesa pubblica italiana delle voci previdenziali.
- Al terzo posto c'è la spesa delle regioni (138 miliardi, o meno di un quinto della spesa). Il grosso (109 miliardi) è costituito dalla spesa sanitaria, un'altra voce del cosiddetto welfare. Quindi le due principali voci di welfare (previdenza e sanità) rappresentano insieme quasi il 60 per cento della spesa totale. Dominano la spesa pubblica. Nel corso degli ultimi decenni sono le voci cresciute di più, una caratteristica, come vedremo nei capitoli 12 e 13, comune alla maggior parte delle economie avanzate.
- Nel paese dei campanili, la spesa dei comuni rappresenta solo l'8 per cento del totale (61 miliardi). Quella delle bistrattate province, da molti viste come la causa di tutti i mali della finanza pubblica italiana, rappresenta po-

co più dell'1 per cento (9 miliardi) ed è in rapida discesa. I restanti 21 miliardi sono spesi da enti classificati dall'Istat come "locali" (soprattutto università ma anche enti controllati dai comuni, province e regioni).

Quanto è cresciuta la spesa negli ultimi anni? Ma è cresciuta davvero?

Una delle prime domande che mi è stata posta quando sono arrivato in Italia è stata: "Perché lei dovrebbe riuscire a ridurre la spesa pubblica, visto che non c'è mai riuscito nessuno?". Occorre allora sfatare un mito. Dal 2010 la spesa pubblica è calata in quasi tutte le sue componenti e per importi molto rilevanti.

Fino al 2009 (compreso) la spesa pubblica è aumentata, anche per la necessità di sostenere attraverso nuove spese l'attività economica scossa dalla crisi economica e finanziaria globale del 2008-2009. Dal 2010 sono iniziati i tagli. Non voglio aprire a questo punto il dibattito sulla "austerità", ovvero sull'appropriatezza di ridurre già a partire dal 2010 la spesa pubblica (ne parlerò più avanti). Stiamo ai fatti e vediamo cosa è successo.

Dal 2009 al 2013 la spesa dei comuni si è ridotta del 4 per cento, quella delle amministrazioni centrali (come ho detto, i ministeri e vari enti pubblici) del 5 per cento, quella delle regioni, esclusa la sanità, del 17 per cento, quella delle province del 21 per cento. Sono tagli molto rilevanti, soprattutto se si tiene conto che, a causa dell'inflazione, 100 euro del 2013 compravano meno cose che 100 euro del 2009.

Che cosa è successo alla spesa per il welfare? La sanità ha contribuito all'aggiustamento, però la spesa è scesa solo del 2 per cento. Poco, ma occorre tener presente che l'inflazione nel settore dei prodotti sanitari è tipicamente più elevata che negli altri settori. L'unica componente della spesa che è aumentata (in euro) è stata quella per la previdenza: un aumento del 10 per cento. In termini di euro, mentre il resto della spesa scendeva di 24 miliardi, quella degli enti previdenziali aumentava di 28 miliardi.

Queste cifre ci dicono che la spesa pubblica in Italia si può ridurre. Tenendo conto dell'aumento per le pensioni, la spesa primaria è cresciuta dal 2009 di solo 4 miliardi (o dello 0,5 per cento). Ma in termini di potere d'acquisto (cioè al netto dell'inflazione) si è ridotta di oltre il 10 per cento.

Queste cifre ci dicono anche che non è vero che a pagare siano state sempre e solo pensioni e sanità – altra leggenda metropolitana in cui spesso mi sono imbattuto nel mio lavoro di commissario. Anzi, come abbiamo visto, tutte le voci di spesa sono state tagliate in modo significativo in termini nominali, tranne la spesa previdenziale (che è aumentata considerevolmente) e quella sanitaria (che è scesa solo di poco).[2] Naturalmente non è che i pensionati siano diventati ricchi, ma sono stati relativamente protetti dai tagli ed è anche aumentato il numero delle pensioni e delle altre prestazioni previdenziali (ma su questo torneremo nel capitolo 13). E non è vero che a pagare siano stati di più i comuni, come spesso sostenuto dall'Anci (l'associazione dei comuni d'Italia), per lo meno non in termini di spesa, che si è ridotta un po' meno di quella delle amministrazioni centrali (a parte gli enti previdenziali).[3] Anche qui la frase "abbiamo già dato" è stata un po' abusata.

Ma se la spesa si è ridotta, perché allora non è stato possibile diminuire le tasse che anzi sono aumentate fino al 2013? Mi viene spesso posta questa domanda. Ci sono tre motivi. Primo, come ho detto, i tagli molto consistenti fatti nelle spese dei ministeri, delle province, dei comuni sono stati compensati da un aumento della spesa per le pensioni. Secondo, è stato necessario aumentare le tasse per ridurre un deficit che nel 2009 era salito oltre i limiti consentiti dalle regole europee e che, tra il 2010 e il 2012, stavamo finanziando a tassi proibitivi. Terzo, il Pil tra il 2009 e il 2013 si è ridotto in termini reali, diminuendo la base su cui si applicano le aliquote di tassazione.

Per cosa si spende?

Guardiamo ora alla composizione della spesa non in termini di chi spende, come abbiamo fatto nella sezione precedente, ma in termini di "per cosa si spende" e, quindi, di "chi ci perde" se la spesa viene tagliata. Con qualche semplificazione, i soldi pubblici sono spesi (a parte gli interessi) solo per tre cose.

Primo, c'è lo "stato che acquista", cioè che spende per comprare beni e servizi (carta, computer, edifici eccetera), che consuma direttamente nella produzione di servizi pubblici. Questi acquisti ammontano a 169 miliardi (nel 2013), di cui la maggior parte (131 miliardi) sono spese correnti (gli investimenti sono solo 38 miliardi). Sulla base della mia esperienza al Fondo monetario internazionale, la spesa per acquisti diretti è quella che in tutti i paesi sembra più facile tagliare. Questo perché i tagli negli acquisti di beni e servizi non vanno a colpire direttamente il grosso della popolazione e delle lobby organizzate. Naturalmente, la qualità dei servizi pubblici ne può risentire, ma questo non accade se i tagli vanno a colpire le inefficienze (per esempio, acquisti a prezzi superiori a quelli cui si potrebbe comprare). Anche qui però si possono incontrare resistenze, da parte delle aziende che vendono allo stato (per esempio, cercando di comprare all'ingrosso, per risparmiare, si danneggiano le piccole imprese) e da parte di chi amministra gli esborsi (se si introducono riforme che tolgono potere decisionale a chi gestiva la spesa in modo inappropriato). Di questo si parlerà nel capitolo 2. È anche da notare che più della metà delle spese correnti (circa 70 miliardi) sono sanitarie (apparecchiature, prodotti farmaceutici, servizi acquistati dal settore privato, consumi elettrici degli ospedali eccetera), la cui riduzione può risultare politicamente più difficile.

Secondo, c'è lo "stato che impiega", che spende 165 miliardi per stipendi dei dipendenti pubblici. Qui l'opposizione viene dagli impiegati e dai sindacati che li rappresentano. Probabilmente questi non si opporrebbero a una riduzione della spesa per il personale attraverso i prepensionamenti, ma in tal caso il risparmio sarebbe modesto (vedi capitolo 8).

Terzo, c'è lo "stato che stacca assegni", che trasferisce soldi a famiglie, imprese ed estero. Il totale dei trasferimenti ammonta a circa 380 miliardi, più della metà della spesa primaria. La maggior parte va alle famiglie, con una piccola quota a imprese (33 miliardi) ed estero (19 miliardi, quasi tutti all'Unione europea).[4] La difficoltà sociale e politica nel tagliare i trasferimenti alle famiglie è ovvia, ma anche i tagli ai trasferimenti alle imprese suscitano forti obiezioni (per capire da parte di chi, occorre guardare il dettaglio di queste spese, come faremo nel capitolo 11).

Quando ho avanzato le mie proposte di Revisione della spesa sono stato attento a presentarne le implicazioni in termini di queste tre voci. Accettarle significava incidere necessariamente su almeno una di esse. Può apparire ovvio, ma un esempio aiuta a chiarire le difficoltà che possono emergere.

Consideriamo, per esempio, una tipica operazione di ammodernamento: una rinnovata spinta verso la digitalizzazione della pubblica amministrazione. Chi può essere contrario? Molti, se guardiamo la questione da vicino.

Digitalizzare vuol dire risparmiare, per esempio, carta, quindi ridurre le spese per beni e servizi. Ma vuol anche dire ridurre il personale. E che si fa con il personale reso eccedente dalla digitalizzazione? Se non si fa nulla, il risparmio viene sensibilmente ridotto. Un buon esempio è costituito dall'introduzione, anni fa, della posta elettronica. Le email hanno drasticamente ridotto, fra le altre cose, il fabbisogno di "commessi" ministeriali, il cui compito principale era di portare pratiche da un ufficio all'altro. Il numero effettivo di commessi si è ridotto, ma in modo molto graduale, sicché ancora oggi nei ministeri si vedono commessi che sono, per dirla in modo elegante, poco impegnati (e non per colpa loro). Fra l'altro, proprio di fronte al mio ufficio al ministero dell'Economia e delle finanze, era stazionata una scrivania per commessi, spesso luogo di riferimento per la categoria. Un giorno, la scrivania (con i relativi commessi) è stata fatta scomparire, forse perché dava troppo nell'occhio (del commissario). Non è che gli impiegati siano stati allocati a fare qualcosa di (più) utile. Infatti, dopo la mia partenza, scrivania e commessi sono improvvisamente ricomparsi. (Spero che i miei ex colleghi del ministero non se ne abbiano a male se gli esempi che farò in questo libro spesso si riferiscono a quel ministero; lì era il mio ufficio, ma i problemi sono condivisi da altri dicasteri.)

Inoltre, mi è stato detto che uno dei motivi che impedirebbe l'efficientamento degli spazi nei ministeri attraverso la riduzione dei sovradimensionati corridoi è proprio la presenza di queste scrivanie per commessi: visti i minimi standard di sicurezza, una scrivania in mezzo al corridoio richiede corridoi sovradimensionati!

In conclusione, se non si accetta l'idea che le operazioni di efficientamento possano ridurre anche il fabbisogno di personale, pure i risparmi sono ridotti e si crea una serie di problemi collaterali come quelli cui ho appena fatto riferimento.

Ci sono soluzioni non traumatiche da adottare in caso di esuberi del personale (si veda la discussione nel capitolo 8). Ma il punto che vorrei sottolineare qui è: le operazioni di efficientamento necessariamente comportano un risparmio in una delle tre grandi voci di spesa che ho identificato: acquisti, personale e trasferimenti. Occorre esserne consapevoli e non avere preclusioni in proposito.

Ma la spesa pubblica è troppo alta in Italia?

Quello che vi ho detto finora non consente però di rispondere a una domanda cruciale: ma la spesa pubblica in Italia è troppo alta? Un punto di partenza è guardare oltre confine: quanto spendono gli altri?

Occorre però prestare attenzione. Quello che molti fanno è confrontare il rapporto tra spesa primaria e Pil in Italia e nei paesi considerati simili al nostro (Francia e Germania, per esempio). Rapportando la spesa al Pil, si tiene conto della diversa dimensione delle economie.

Un confronto di questo tipo (per il totale della spesa o per i singoli settori, per esempio la sanità o la pubblica istruzione) è però fuorviante, perché non tiene conto di un fatto elementare: che il livello di spesa pubblica appropriato dipende anche da quanto un paese si può permettere. Un vecchio adagio cremonese ("Se se pol mia, se fa sensa", ovvero se non si può si fa senza, suggeritomi dal mio ex compagno di banco al liceo Massimo Ramazzotti come motto per la spending review) ben illustra il concetto di relatività del livello di spesa appropriata (naturalmente quando si sia al di sopra dei livelli essenziali "di sussistenza" per la spesa pubblica).

Nel caso italiano, quello che ci si può permettere è limitato da diversi fattori. Il più importante è il fatto che, a causa dell'elevatissimo debito pubblico (il terzo tra i paesi avanzati rispetto al Pil, dopo Giappone e Grecia), la spesa per gli interessi in Italia è molto più alta di quella degli altri paesi. Questo comprime lo spazio per tutte le altre forme di spesa pubblica. Naturalmente, si potrebbe spendere più degli altri mantenendo una pressione fiscale più elevata. In effetti, è quanto successo finora. Ma una tassazione più elevata penalizza la crescita, soprattutto se il ricavato viene speso male (e qui occorre guardare alla qualità della spesa).

Nel confrontare la spesa italiana con quella estera (in particolare con quella dei paesi dell'area dell'euro), perciò, abbiamo utilizzato dei rapporti di spesa rispetto al Pil corretti per il fatto che il peso degli interessi sul debito pubblico comprime lo spazio per le altre forme di spesa. Abbiamo tenuto conto anche di altri due fattori. Primo: che la spesa pubblica degli altri paesi tenderà a ridursi nei prossimi anni (per i programmi di riduzione del debito pubblico e per la necessità, sentita anche in quei paesi, di ridurre le tasse). Secondo, per fare confronti non sul totale ma su voci specifiche, abbiamo anche considerato che la spesa per le pensioni è difficilmente comprimibile (vedi capitolo 13).[5] Questa procedura ci ha consentito di calcolare dei punti di riferimento (benchmark) europei con cui confrontare il livello di spesa in Italia.[6]

Rinviando ai capitoli successivi alcuni risultati più dettagliati, questa analisi ha portato alle seguenti conclusioni:

- La spesa pubblica italiana, nonostante i tagli realizzati dal 2010, eccede quello che ci possiamo permettere (nel senso sopra indicato) di almeno il 2 e mezzo per cento del Pil, ovvero circa 40 miliardi.
- Assumendo che la spesa per pensioni sia poco comprimibile, spendiamo "troppo" in quasi tutti i settori, con l'eccezione di cultura e istruzione. Questo risultato, fra l'altro, spiega perché le proposte da me avanzate non prevedevano tagli per cultura e istruzione. Questo non vuol dire che non ci sia da risparmiare anche in queste aree, ma se si risparmia si dovrebbe reinvestire nel settore stesso. Fra l'altro, studi condotti dal dipartimento di Finanza pubblica del Fondo monetario internazionale, che ho diretto fino al 2013, indicavano che la spesa per l'istruzione è quella che più fa aumentare il reddito di un paese nel medio periodo.[7]

Ma tagliare la spesa pubblica non vuol dire più austerità e meno crescita?

Tagliare la spesa non fa male all'economia? Non si tratta di un'altra dose di austerità? Forse avrei dovuto rispondere a questa domanda all'inizio del capitolo, ma volevo prima presentare i meri fatti. Prima di proseguire, però, mi sembra giusto spiegarvi perché tagliare la spesa pubblica può essere utile all'economia. Non sempre lo è, ma nelle attuali condizioni dell'economia italiana sì.

Chiariamo prima di tutto un punto. I tagli di spesa comportano una maggiore austerità solo se servono a ridurre il deficit pubblico (la differenza tra spese ed entrate dello stato). In questo caso si tolgono risorse all'economia e ciò ha un effetto recessivo (cioè il Pil tende a ridursi), almeno nell'immediato. Persino tagliare la spesa improduttiva (gli sprechi) ha un effetto recessivo perché ogni spesa costituisce un reddito per qualcuno e questo qualcuno ridurrà la propria spesa se il suo reddito cala. E meno spesa vuol dire meno produzione.[8]

Le cose cambiano se i tagli vengono utilizzati per ridurre non il deficit ma la tassazione. In questo caso non si sottraggono risorse all'economia. Anzi, a parità di deficit, un taglio simultaneo delle spese e delle tasse può avere un effetto positivo sull'economia perché ne aumenta l'efficienza e la competitività.

In Italia, nel 2013, il peso della tassazione sul lavoro era superiore a quello della media dei paesi dell'area dell'euro di circa 30-35 miliardi (il 2 per cento del Pil), un peso non indifferente e uno svantaggio per la competitività italiana rispetto a quella dei paesi con cui condividiamo la moneta (e nei confronti dei quali quindi non si può recuperare svalutando il cambio). Eliminando questo gap si riconquista competitività e capacità di crescita, sempre che non si vada a tagliare esborsi utili.

Questo, però, richiede di ridurre le spese "cattive", gli sprechi, o per lo meno quelle poco produttive, quelle che non servono alla crescita (per esempio, la costruzione di una strada su cui non viaggerà mai nessuno). Riducendo con questo risparmio la tassazione sul lavoro, si stimolerà la crescita dell'occupazione nei settori in cui esiste un'effettiva domanda di prodotti. E l'economia crescerà più rapidamente.

Effetti positivi sull'economia si potrebbero avere anche sostituendo una spesa pubblica "cattiva" con una "buona" (per esempio quella per l'istruzione). Tuttavia, nell'attuale situazione italiana credo che la priorità vada al taglio della tassazione, visto che il livello di spesa resta piuttosto elevato (come abbiamo visto anche in termini di confronti internazionali). Inoltre mancano ancora buoni meccanismi per garantire che le nuove iniziative di spesa non portino a ulteriori sprechi.

In altri termini, mentre sappiamo che tagliare le tasse rende l'economia più competitiva ed efficiente, non siamo sempre in grado di garantire che le nuove iniziative di spesa portino allo stesso risultato.

È sulla base di queste considerazioni che l'azione di

Revisione della spesa iniziata a fine 2013 si è posta come obiettivo principale il finanziamento della riduzione della tassazione e solo come obiettivo secondario la riduzione del deficit o il finanziamento di spese prioritarie. Quest'obiettivo principale veniva definito in un breve documento approvato dal Comitato interministeriale per la Revisione della spesa il 25 novembre 2013, il cosiddetto documento di indirizzo della Revisione della spesa.

Questa scala di priorità non veniva però del tutto recepita dal legislatore italiano. Nel corso dell'approvazione della Legge di stabilità per il 2014 passava un emendamento parlamentare al testo del governo che destinava alla riduzione della tassazione i proventi dalla riduzione della spesa solo dopo aver dedotto quanto necessario per spese genericamente definite come prioritarie e per la riduzione del deficit. Avevo sollevato obiezioni a una tale formulazione sulla base di un testo fattomi arrivare quando però le decisioni erano già state prese.

Nel corso del mio lavoro come commissario, in diverse occasioni sono state approvate nuove iniziative di spesa, spesso di origine parlamentare, per le quali si prevedeva che il finanziamento sarebbe arrivato dall'attività di Revisione della spesa (senza peraltro richiedere l'opinione di chi, appunto, doveva proporre come ridurla). In altri termini, si finanziavano nuovi esborsi (la cui qualità non era stata vagliata) attraverso futuri tagli non ancora decisi. Nel luglio 2014 ho sollevato dubbi sulla validità di questa pratica in un post pubblicato sul mio blog, post che ha suscitato un certo interesse nei media nazionali.[9]

Tagli lineari e inefficienze non lineari

Facciamo il punto. Abbiamo visto che, dal 2009 al 2013, la spesa pubblica italiana è stata già tagliata (a parte le pensioni), anche se si potrebbe fare di più (e, come vedremo, si sta facendo). Il problema, molti dicono, è che i tagli fatti fino al 2013 sono stati tagli lineari. Cosa significa?

Ormai il termine di "taglio lineare" viene utilizzato da

molti semplicemente per bollare una riduzione che non piace. Ma cerchiamo di essere precisi. Il termine dovrebbe riferirsi a tagli che sono uguali per tutte le voci di spesa e per tutte le amministrazioni pubbliche, indipendentemente da ogni altra circostanza e, quindi, senza distinguere se la spesa era buona o cattiva e se si riducevano sprechi o spese produttive.

In questo senso i tagli effettuati fino al 2013 non sono stati del tutto lineari. Per esempio, come abbiamo visto, la spesa delle province è stata ridotta molto più della spesa dei comuni, mentre quella degli enti previdenziali ha continuato a crescere. Inoltre, all'interno di ogni comparto, per esempio ogni ministero, la spesa non è stata tagliata nella stessa misura per tutte le voci.

C'è però un'accezione nella quale i tagli sono stati in gran parte lineari: all'interno di ogni comparto, amministrazioni dello stesso tipo hanno spesso subìto tagli simili. Per esempio, se si tagliavano i trasferimenti ai comuni o alle regioni, si tagliavano i trasferimenti a tutti i comuni e a tutte le regioni in modo uguale, senza cercare di tagliare le risorse in modo maggiore ai comuni meno virtuosi.[10] Altro esempio: i tagli alla sanità non hanno distinto, per lo meno non in modo diretto, tra Asl già efficienti e Asl inefficienti.

Questo è un problema perché il livello di efficienza delle varie amministrazioni pubbliche dello stesso tipo è molto differenziato sul territorio nazionale (è certamente "non lineare"). Un buon esempio è rappresentato dalle spese per il personale delle regioni. Tra le regioni a statuto ordinario, la spesa per il personale (sulla base dei bilanci per il 2014) varia da un massimo di 177.000 euro per mille abitanti in Molise a un minimo di 19.800 euro in Lombardia. Ovviamente le spese delle regioni più piccole sono più elevate per abitante per la necessità di avere, per esempio, una giunta o un ufficio contabile in tutte le regioni, indipendentemente dalle dimensioni. Ma differenze di questa dimensione (quasi dieci volte in più per il Molise rispetto alla Lombardia) sono difficilmente spiegabili, se non in termini di differenze di efficienza. Né si possono spiegare altrimenti differenze molto forti tra regioni simili per dimensione: la Liguria spende 37.500 euro per mille abitanti, la Calabria (leggermente più grande) 63.700 euro, quasi il doppio. L'Abruzzo, solo di poco più piccolo della Liguria, spende 94.400 euro per mille abitanti, due volte e mezzo tanto. In generale, ritroviamo qui una regolarità geografica delle inefficienze che riscontreremo spesso in questo libro: non sarà una sorpresa, ma le regioni del Nord spendono meno di quelle del Centro e quelle del Centro spendono meno di quelle del Sud. Ovviamente non si deve generalizzare, ma la maggior parte degli indicatori di efficienza per area geografica conferma questa caratteristica. Un'altra caratteristica che ritroveremo più volte in questo libro è che di solito le regioni a statuto speciale sono più spendaccione di quelle a statuto ordinario.

Tali diversità di efficienza suggeriscono la necessità di intervenire in modo non lineare, cercando di colpire le amministrazioni che spendono di più senza una giustificazione economica. Questa è l'essenza del lavoro iniziato ormai da anni sui fabbisogni e i costi standard che, per quanto riguarda i comuni, verrà discusso nel capitolo 6.

Purtroppo non è facile operare tagli non lineari. Tagliare a tutti nello stesso modo non richiede di entrare in discussione con chi riceve riduzioni relativamente più forti. L'uso di certi indicatori di inefficienza può essere soggetto a critiche o a ricorsi, per esempio, in sede di Corte costituzionale. Talvolta mancano statistiche adeguate per fare tagli mirati. Per questi motivi sono stati spesso preferiti i tagli lineari. Ma credo che in Italia si sia arrivati a un punto tale che, dopo gli interventi del periodo 2010-2013, nuovi tagli non siano più accettabili per chi è già efficiente. L'unica strada percorribile è quella dei tagli non lineari.

I tagli del 2014 e della Legge di stabilità per il 2015

Abbiamo visto come si è andata evolvendo la spesa pubblica fino al 2013. Che cosa è successo nel 2014? Due sono stati i momenti decisionali rilevanti: il decreto legge 66 di fine aprile 2014 (quello degli 80 euro, per intenderci) e la Legge di stabilità (la legge che definisce le politiche di bilancio ogni anno) per il 2015 inviata in Parlamento a ottobre 2014 e approvata poco prima di Natale. Il lavoro di Revisione della spesa da me condotto ha fornito un input a questi documenti e ho partecipato da vicino alla loro preparazione, soprattutto al decreto legge 66 (quando è stata finalizzata la Legge di stabilità ero ormai in fase di uscita).

Il decreto legge 66 ha tagliato la spesa per circa 3 miliardi, la maggior parte dei quali ha riguardato gli esborsi per beni e servizi (gli acquisti direttamente fatti dalla pubblica amministrazione). Si è cercato di distribuire questi tagli in modo non lineare, andando a colpire maggiormente le amministrazioni meno efficienti (in particolare i ministeri che compravano in modo indipendente e non tramite la centrale di acquisto nazionale, la Consip, e che quindi probabilmente pagavano prezzi più alti). Come verrà discusso nel capitolo 2, questi tagli sono stati accompagnati da una riforma del sistema degli acquisti che dovrebbe permettere, una volta attuata, di acquistare a prezzi più bassi, evitando quindi che i tagli ricadano sulle quantità comperate.

La Legge di stabilità ha recepito i risparmi del decreto legge 66 e li ha ampliati, prevedendo però anche alcuni aumenti di spesa. Il quadro che ne emerge – che tiene conto anche delle variazioni introdotte dal Parlamento in sede di approvazione del disegno di legge presentato dal governo – è il seguente. La spesa è stata ridotta di circa 12 miliardi (inclusi i tagli già introdotti dal decreto legge 66), rispetto all'andamento tendenziale. Oltre ai già citati tagli nella spesa di beni e servizi per circa 3 miliardi, ci sono risparmi soprattutto nei trasferimenti alle Ferrovie (che dovrebbero essere assorbiti con entrate da privatizzazioni), nella spesa per investimenti e incentivi finanziata dal Fondo coesione regionale (con il cofinanziamento dell'Unione europea), nei trasferimenti alle imprese (soprattutto l'autotrasporto) e in qualche spesa per il personale. Sono stati anche richiesti contributi di 1 e 4 miliardi rispettivamente alle province (il cui ruolo si riduce per effetto della legge sul loro svuotamento approvata nella primavera del 2014) e alle regioni.[11] Queste ultime hanno indicato nel febbraio 2015 come risparmieranno i 4 miliardi loro richiesti (metà ricade sulla sanità, anche se non è chiaro in che modo le spese sanitarie saranno ridotte, il resto è una miscellanea di voci, alcune di natura temporanea). Ci sono però anche aumenti di spesa (per circa 4 miliardi), incluso, tra le voci più grosse, il maggior esborso per i sussidi di disoccupazione, per l'assunzione stabile di personale precario della scuola e per il bonus bebè. Il taglio netto quindi è di circa 8 miliardi (12 meno 8). Senza queste nuove spese – alcune senza dubbio necessarie, altre forse meno – la riduzione della tassazione avrebbe potuto essere maggiore. Ma è innegabile che ulteriori tagli siano stati realizzati e che siano serviti a finanziare, insieme a un innalzamento del deficit rispetto agli obiettivi originari, la riduzione della tassazione sul lavoro (gli 80 euro per i lavoratori a reddito più basso) e sulle imprese (con l'eliminazione del costo del lavoro dalla base di calcolo dell'Irap).

Due ultime annotazioni prima di proseguire il nostro viaggio nei meandri della spesa pubblica.

Primo, il taglio di spesa per il 2015 non risulterà evidente nelle statistiche Istat quando queste verranno pubblicate perché, purtroppo, il taglio delle tasse di 80 euro al mese per il 2014 non verrà considerato come tale bensì come un trasferimento alle famiglie (un aumento di spesa quindi), in quanto non si va a incidere né sulle aliquote né sulla base della tassa. È una questione di presentazione ma sarebbe opportuno ridisegnare la misura in modo da poterla registrare come misura di detassazione anche nelle statistiche. A meno di voler ripetere per i prossimi trent'anni che la spesa italiana è "gonfiata" di un mezzo punto percentuale di Pil. Sarebbe piuttosto noioso.

Secondo, nonostante i risparmi ottenuti nel 2015, la necessità di ridurre la spesa resta pressante anche perché il quadro di medio termine che emerge dalla Legge di stabilità comporta che, in assenza di un ulteriore taglio, sarebbero necessari forti aumenti di tasse nel 2016 per raggiungere gli obiettivi di deficit del governo (le cosiddette "clausole di salvaguardia"). Occorre quindi pensare a nuovi tagli.

Riassumendo...

Concludo questo capitolo riassumendo i principali ostacoli che si incontrano nel ridurre la spesa pubblica in Italia:

- Le spese sono state già ridotte in modo significativo a partire dal 2010.
- Tagliare la spesa fa sempre male a qualcuno, che si riduca la spesa per beni e servizi, quella per il personale pubblico, o i trasferimenti a famiglie e imprese. Ogni operazione di efficientamento va a colpire almeno una di queste tre voci.
- Una parte molto significativa delle spese è costituita da esborsi per pensioni e sanità, voci politicamente molto delicate da affrontare.
- Occorre tagliare la spesa in modo mirato, cercando di non colpire le amministrazioni già virtuose ma concentrandosi su quelle che sprecano, il che non è facile.
- Anche quando si è disposti a ridurre le vecchie spese, le nuove iniziative non sono sottoposte a un vaglio adeguato: come per la tela di Penelope, c'è talvolta la tendenza a tagliare da un lato per spendere dall'altro. Forse perché non si è mai definito in modo chiaro – in termini di princìpi generali – che cosa si ritiene appropriato che il Pubblico debba fare rispetto a quello che fa il Privato (si veda in proposito il capitolo 14).

Ma non scoraggiamoci. Nonostante queste difficoltà ridurre la spesa (e le tasse), attraverso azioni mirate, è possibile. Vedremo come nei prossimi capitoli.

2.
La frammentazione degli acquisti di beni e servizi

C'è un motivo preciso per iniziare questo viaggio nei meandri della spesa pubblica dagli acquisti di beni e servizi. Si tratta forse del settore dove sono più evidenti alcuni dei problemi tipici della spesa pubblica italiana: la frammentazione delle decisioni, la mancanza di trasparenza, l'inadeguatezza dei controlli. È quindi un buon campo di allenamento anche per i capitoli successivi.

Prima di proseguire, ci sono due punti da chiarire:

- La spesa per acquisti di beni e servizi dipende da due cose: le quantità e i prezzi a cui si compra. Questo capitolo si occupa principalmente delle inefficienze che causano prezzi troppo elevati. Anche ridurre le spese agendo sulle quantità acquistate è importante, ma se ne discuterà nei capitoli seguenti in riferimento ad altre riforme strutturali.
- Come ogni impresa o famiglia, le pubbliche amministrazioni comprano per consumi e per investimenti. Questo capitolo si occupa delle spese per consumi (le cosiddette spese correnti). Le spese correnti sono la parte più rilevante degli acquisti e quella su cui si è focalizzato il nostro lavoro. Le spese di investimento sono importanti, anche dal punto di vista della correttezza (pensate ai rischi di corruzione che riguardano gli appalti), ma sono molto inferiori (38 miliardi nel 2013, o il 22 per cento degli acquisti complessivi).

Quanto si spende e chi spende per acquisti di beni e servizi?

La spesa corrente per acquisti di beni e servizi ammontava a 131 miliardi nel 2013, in calo rispetto al picco raggiunto nel 2010 (134 miliardi).

Di che si tratta? Circa un terzo sono acquisti a prezzi regolati, quasi esclusivamente nel settore della sanità (farmaceutica convenzionata, assistenza convenzionata, compensi per i medici di base). Si potrebbe intervenire per ridurre i prezzi in via amministrativa, se apparisse appropriato. Prezzi eccessivi non sono il risultato di procedure di acquisto inappropriate, che sono invece l'oggetto di questo capitolo.

Detto ciò, alcune delle riforme qui discusse, per esempio la riduzione nei tempi di pagamento da parte della pubblica amministrazione, possono giustificare una riduzione dei prezzi amministrati: pagare prima comporta vantaggi sia che il prezzo sia determinato dal mercato sia che sia regolamentato.

Concentriamoci quindi sugli acquisti a prezzi non regolati, una novantina di miliardi circa. Chi spende questi soldi e per cosa? Gli acquirenti principali (con 65 miliardi complessivamente nel 2013) sono gli enti territoriali (principalmente comuni, province e regioni) e gli enti del servizio sanitario nazionale (Asl, aziende ospedaliere eccetera, che dipendono dalle regioni). Gli enti territoriali comprano – per un importo annuo di circa 35 miliardi – soprattutto merceologie "comuni": arredi, forniture elettriche, buoni pasto, riscaldamento, servizi fognari, servizi di raccolta rifiuti (una buona parte sono acquisti da società partecipate dagli enti locali stessi; il che talvolta costituisce paradossalmente un ostacolo alla riduzione dei costi, come discuteremo nel capitolo 6 riguardo alle spese per l'illuminazione pubblica). Gli enti del servizio sanitario nazionale comprano (per una trentina di miliardi) soprattutto, anche se non esclusivamente, merceologie specifiche (farmaci, dispositivi medici, servizi sanitari).

Seguono, molto distanziati, gli acquisti da parte dei

ministeri (18 miliardi, comprese le spese per la Difesa). Infine, ci sono 6 miliardi da parte di altri enti pubblici (inclusi gli enti locali).

Da questa breve ricostruzione si capisce che la maggior parte degli acquisti di beni e servizi è gestita non a Roma ma sul resto del territorio nazionale. Il grado di decentramento e di potenziale frammentazione di queste spese è quindi molto elevato, soprattutto se si tiene conto della frammentazione dell'amministrazione pubblica locale (gli 8000 comuni per esempio; si veda il capitolo 6). Questa frammentazione è potenzialmente causa di serie inefficienze, che sfociano in prezzi di acquisto eccessivi.

L'inefficienza dell'attuale sistema degli acquisti

Il sistema degli acquisti è estremamente frammentato. Vuol dire che esiste un numero elevatissimo di "uffici" che comperano in modo indipendente. L'agenzia preposta alla vigilanza sui contratti pubblici (l'Avcp, ora confluita nell'Autorità nazionale anticorruzione, l'Anac) ha iscritto nei propri registri circa 34.000 uffici che operano acquisti (stazioni appaltanti), molti dei quali fanno capo allo stesso ente. Ognuno di questi uffici può gestire gare di appalto di ogni dimensione (ci sono circa 1.200.000 procedure di acquisto l'anno!).

Questa frammentazione è inefficiente per quattro motivi. Primo: si sa che, acquistando in modo frammentato, i prezzi sono più alti. Secondo: è difficile per uffici piccoli avere personale abbastanza esperto, e gestire un appalto senza esperienza può risultare costoso. È un aspetto da non sottovalutare. Terzo: l'elevata frammentazione aumenta il rischio di corruzione. Quarto: si moltiplica il numero delle gare e indire una gara è oneroso. Il costo di ogni bando varia dai 50.000 ai 500.000 euro.[1]

Negli anni scorsi si è cercato di porre rimedio creando centrali di acquisto, enti che aggregano la domanda da parte di varie amministrazioni pubbliche utilizzando diversi strumenti. Ma questo approccio, prima del 2014, è stato perseguito in modo incompleto. Sono nate diverse centrali di acquisto, ma con dimensioni e gradi di efficienza diversi (con maggiori progressi al Nord rispetto al Sud). Un ruolo importante è svolto però dalla Consip (una società per azioni di proprietà del ministero dell'Economia e delle finanze), la centrale d'acquisto nazionale. La Consip fornisce strumenti di acquisto centralizzato (le sue diverse "piattaforme") che consentono, a tutte le pubbliche amministrazioni, di comprare a prezzi predeterminati (si tratta, per esempio, di convenzioni, accordi quadro e simili). Potenzialmente presidia circa 36 miliardi di spesa (è questo il valore delle merceologie coperte dalle varie piattaforme). Potenzialmente, perché gli acquisti che effettivamente passano attraverso la Consip sono stati pari a poco più di 4 miliardi nel 2013. Moltissime amministrazioni continuano a comprare fuori dalla centrale anche quando potrebbero passare per essa.

Anzi, quando dovrebbero farlo. La legge, infatti, prevede l'obbligo di acquistare molti prodotti attraverso le piattaforme Consip, anche se le modalità variano a seconda del prodotto acquistato, del tipo di amministrazione e del prezzo di acquisto. Per esempio, i ministeri sarebbero obbligati a comprare sempre attraverso piattaforme Consip sette prodotti standard (quali elettricità, carburanti, o telefonia fissa e mobile), mentre i comuni sono tenuti a farlo, a meno di non riuscire a spuntare un prezzo inferiore.

In realtà, vuoi per le diverse eccezioni, vuoi per la mancanza di controlli (torneremo sul tema), gli acquisti continuano a essere estremamente frammentati (come si è detto, ci sono 34.000 stazioni appaltanti). I costi di questa frammentazione sono elevati. Nell'ultima rilevazione disponibile (quella sugli acquisti effettuati nel 2012) l'Istat ha concluso che, per quasi tutte le ventuno merceologie considerate, gli acquisti su convenzioni Consip sono più economici degli acquisti fatti fuori dalle sue piattaforme, con un risparmio medio del 22 per cento.[2]

Ma si tratta di stime parziali, anche se certo indicative dei vantaggi degli acquisti aggregati. La realtà è che la frammentazione contribuisce anche a un secondo problema: le informazioni disponibili sui prezzi sono molto limitate. Non esiste una banca dati che ci dica quanto un certo comune paga per chilowattora l'elettricità, per esempio. Non esisteva neppure (almeno fino alla riforma del 2014, di cui parlerò nella sezione seguente) una chiara indicazione dei prezzi cui la pubblica amministrazione avrebbe dovuto comprare (dei "prezzi di riferimento" per orientare gli acquisti). Si tratta di un'anomalia rispetto ad altri paesi, almeno quelli per cui i processi di acquisto da parte della pubblica amministrazione sono più avanzati.

Prendiamo, per esempio, gli acquisti sanitari nel Regno Unito. L'agenzia che se ne occupa pubblica ogni anno un volume in cui si elencano circa 50.000 prezzi di riferimento. L'Avcp ha calcolato (e comunque non pubblicato) solo circa 600 prezzi di riferimento nel settore dei prodotti medici. Nessun altro prezzo di riferimento veniva calcolato prima della riforma del 2014. Non si potevano quindi fare paragoni per valutare se, per esempio, un certo comune stava comprando sedie da ufficio a un prezzo troppo elevato. Il che riduceva la pressione per acquisti efficienti.

Un terzo problema che affligge gli acquisti della pubblica amministrazione è quello del ritardo dei pagamenti. Questo ritardo non è di per sé dovuto alla frammentazione degli acquisti ma diventa di più difficile soluzione in un sistema molto variegato. Anche in questo caso l'effetto è quello di gonfiare i prezzi: pagare in ritardo – soprattutto quando il momento del pagamento è molto incerto – comporta costi più elevati. Se un'impresa non sa quando viene pagata vuole almeno spuntare un prezzo più alto per compensare non solo il "costo del denaro" (gli interessi bancari pagati nel frattempo), ma anche il costo dell'incertezza sul momento del pagamento. Esistono stime molto diverse di quanto i prezzi risultano gonfiati dai ritardi di pagamento, in Italia e all'estero, ma si tratta di importi non irrilevanti (dal 5 al 20 per cento a seconda dei settori e dei paesi considerati).

Si noti, infine, che i problemi del sistema degli acquisti che abbiamo ora passato in rassegna – frammentazione degli acquisti e ritardi nei pagamenti, in particolare – non sono ugualmente presenti in tutte le regioni d'Italia. Anche in questo caso, i dati disponibili sui ritardi di pagamento sono limitati (le cose stanno cambiando con l'introduzione della fatturazione elettronica a partire dalla metà del 2014). Ma esistono indagini settoriali: per esempio, quella di Assobiomedica sul pagamento dei prodotti sanitari mostra che i ritardi medi di pagamento variavano a fine 2013 da un minimo di 78 giorni in Trentino-Alto Adige a un massimo di 832 giorni in Calabria. Contro una media nazionale di 211 giorni, la media dei tempi di pagamento nel Nord era di 110 giorni, nel Centro di 275 e nel Sud di 339 giorni. Queste diversità indicano che il grado di inefficienza degli acquisti non è uguale in tutte le aree del paese, cosa di cui occorre tener conto se si vuole andare a colpire le vere inefficienze ed evitare tagli lineari.

La riforma lanciata nel 2014

La riforma lanciata con il decreto legge 66 di fine aprile 2014, che recepisce molte proposte avanzate da uno dei gruppi di lavoro della Revisione della spesa, ha quattro componenti:

- l'accelerazione dei pagamenti della pubblica amministrazione;
- la progressiva centralizzazione degli acquisti;
- la maggiore trasparenza dei prezzi pagati dalla pubblica amministrazione;
- i controlli sul rispetto delle regole che riguardano gli acquisti.

L'obiettivo è quello di comprare a prezzi più bassi. Non illudetevi, naturalmente. Il processo è appena iniziato. Nelle pagine seguenti discuterò le caratteristiche della riforma, quanto si è fatto finora e gli ostacoli che stanno emergendo.

Non mi sono occupato direttamente dell'accelerazione dei pagamenti della pubblica amministrazione, per cui non mi dilungo molto su questo tema. L'obiettivo della riforma non era soltanto rendere più efficienti gli acquisti, ma soprattutto dare liquidità alle imprese fornitrici della pubblica amministrazione, ripagando il debito accumulato, ed evitare in futuro di sottrarre liquidità pagando in ritardo. Ma pagando prima e più puntualmente si spuntano anche prezzi più bassi, come spiegato in precedenza. E sembra che i risultati ci siano. I già citati tempi registrati da Assobiomedica indicano un'ulteriore riduzione delle scadenze di pagamento, che a fine 2014 erano scese a 166 giorni (contro i 211 di fine 2013 e i 276 di fine 2012).

Mi sono invece occupato più da vicino degli altri elementi della riforma. Cominciamo dalla centralizzazione degli acquisti, una riforma che, se attuata fino in fondo, metterà l'Italia in linea con la migliore pratica internazionale. L'idea di base è che, al di sopra di certe soglie quantitative, gli acquisti potranno essere fatti solo tramite gli strumenti forniti da un massimo di 35 "soggetti aggregatori": la Consip, un soggetto aggregatore per regione e altri soggetti aggregatori formati attraverso l'associazione, per esempio, di comuni, selezionati sulla base di criteri oggettivi. Quindi, per acquisti di certe dimensioni si passerà da 34.000 a 35 soggetti acquirenti, un bel passo avanti. Le soglie al di sopra delle quali diventerà obbligatorio acquistare tramite i soggetti aggregatori, e le merceologie coperte dal sistema, saranno determinate ogni anno con un decreto del presidente del Consiglio sulla base di proposte fatte da un "tavolo" dei soggetti aggregatori. Soglia e lista dei prodotti saranno definite in modo da rendere progressivamente crescente l'importo degli acquisti che dovranno passare attraverso i soggetti aggregatori. Cosa garantirà che effettivamente gli acquisti passino per i soggetti aggregatori? Il fatto che l'Avcp-Anac non potrà più fornire il codice identificativo di gara (il cosiddetto Cig) per acquisti che sono supposti passare attraverso i soggetti aggregatori. Le 34.000 stazioni appaltanti non potranno più fare gare indipendenti.

Questo è l'impianto generale, ma gli interessi contro la piena implementazione della riforma sono forti. È chiaro che la riforma toglie potere a chi attualmente gestisce gli acquisti. In parte si tratta di preoccupazioni legittime: ci sono bravissimi amministratori locali che attualmente riescono a comprare a condizioni migliori di quelle dei soggetti aggregatori esistenti. Ma questo non vale in generale. Come si è visto, i prezzi Consip sono molto più bassi di quelli di chi compra in maniera indipendente. Inoltre, attraverso un maggior accentramento degli acquisti, i prezzi degli stessi soggetti aggregatori scenderanno rispetto a quelli attuali.

Ci saranno quindi resistenze. Già in fase di conversione del decreto legge erano stati introdotti emendamenti volti a snaturare la riforma (poi successivamente eliminati attraverso un nuovo intervento parlamentare). In particolare, si era reintrodotta la facoltà di comprare al di fuori del sistema dei soggetti aggregatori, purché lo si facesse a prezzi più bassi. Sembrerebbe sensato, ma non è così. Si conosce il risultato delle gare di acquisto solo al termine delle gare stesse. Le 34.000 centrali di acquisto attuali avrebbero quindi continuato a gestire gare in modo indipendente, per sapere solo ex post se gli acquisti sarebbero stati effettivamente a prezzi più bassi di quelli dei soggetti aggregatori. Uno spreco di risorse! Inoltre, come notato, evitando gli acquisti decentrati, i prezzi degli stessi soggetti aggregatori tenderanno a ridursi. Occorre quindi evitare la frammentazione, anche se qualcuno nell'immediato potrebbe perderci.

Il percorso dei decreti attuativi della riforma è stato più lento del previsto a causa di diverse obiezioni da parte degli enti territoriali, che, come abbiamo visto, gestiscono il grosso della spesa. I due principali decreti attuativi – il decreto che definisce le condizioni necessarie per entrare nell'elenco dei soggetti aggregatori e quello che definisce la composizione e i compiti del tavolo dei soggetti aggregatori cui spettano compiti d'implementazione del nuovo sistema – sono stati pubblicati solo a gennaio 2015. Occorrerà quindi vigilare attentamente per evitare che interessi particolari facciano deragliare il processo di accentramento.

In proposito, vale la pena di ricordare che un altro aspetto della riforma degli acquisti è stato ritardato. Il decreto legge 66 del 2014 prevedeva che i comuni non capoluogo di provincia dovessero, con decorrenza immediata, acquistare beni e servizi attraverso strumenti di aggregazione a prescindere dalla dimensione degli acquisti e della tipologia di prodotto. Il rinvio dell'entrata in vigore di questa norma (all'inizio il primo gennaio del 2015, poi, sembrerebbe, settembre 2015) ha attirato una certa attenzione della stampa. Il ritardo è spiacevole, in quanto potrebbe essere interpretato come un segnale di mancanza di impegno, ma non mi preoccuperei troppo. La vera riforma è l'introduzione dei 35 soggetti aggregatori e il passaggio graduale di un flusso crescente di transazioni attraverso questi soggetti. Finché questi soggetti non sono stati costituiti era effettivamente un po' estremo richiedere acquisti centralizzati a tutti i comuni anche per importi minimi di acquisto. Detto ciò, invece di rinviare l'entrata in vigore della norma sarebbe stato meglio introdurre una soglia al di sopra della quale applicare l'obbligo di acquisti centralizzati.

Passiamo alla maggiore trasparenza sui prezzi di acquisto. La riforma comporta due elementi.

Il primo è la pubblicazione dei prezzi benchmark Consip, cioè quelli rilevanti per gli acquisti tramite Consip, avvenuta a settembre 2014. Per realizzarla si è dovuto definire in modo preciso quali sono le caratteristiche essenziali dei prodotti cui tali prezzi si riferiscono. Non era mai stato fatto prima, il che rendeva impossibile dar seguito all'obbligo di acquisto a prezzi inferiori a quelli Consip per la maggior parte dei prodotti. Perché? Prendiamo un telefono. Un telefono Consip costava, per esempio, 50 euro. Ma un'amministrazione poteva dire di aver comprato un telefono a un prezzo superiore perché era di colore diverso. Ora questo non è più possibile, essendo state definite le "caratteristiche principali" dei prodotti (e il colore non figura tra queste).

Il secondo elemento di trasparenza è la pubblicazione, per i prodotti non coperti da Consip, dei cosiddetti prezzi di riferimento, ovvero i prezzi a cui compra la parte più efficiente della pubblica amministrazione. Prendiamo un certo tipo di computer. Si chiede a tutte le amministrazioni di indicare il prezzo di acquisto effettivo e si guarda quello più basso spuntato, per esempio, da almeno il 30 per cento delle amministrazioni. Questo diventa il prezzo di riferimento per tutti. Si dice, cioè, agli altri: guardate, si può comprare a prezzi più bassi, d'ora in poi dovrete comprare a prezzi non superiori al prezzo di riferimento. Il calcolo dei prezzi di riferimento è però un processo complicato (come abbiamo detto, lo si era fatto solo per circa 600 prodotti medici), anche per la necessità di dover definire in modo preciso i prodotti cui i prezzi si riferiscono. Il decreto legge 66 del 2014 assegna il compito di calcolare i prezzi di riferimento all'Avcp (ora all'Anac). L'Avcp non acquisiva finora informazioni sui prezzi di acquisto (a parte i citati 600 prodotti medici), il che è sorprendente per un'agenzia che impiega circa 300 persone preposte alla vigilanza sui contratti pubblici (come si fa a vigilare sui contratti senza sapere i prezzi di acquisto?). Ci si sta ora muovendo nella direzione richiesta, anche se con un certo ritardo. L'Anac ha chiesto di ricevere le informazioni per il calcolo dei prezzi di riferimento entro marzo 2015 e successivamente occorrerà elaborarle. Ci vorrà ancora un po' di tempo.

Il terzo elemento di trasparenza è la pubblicazione dei prezzi pagati dalle singole amministrazioni. A questa pubblicazione è tenuta l'Avcp-Anac, sempre sulla base del decreto legge 66 (articolo 9, comma 7). Inoltre, le pubbliche amministrazioni sono ora tenute a pubblicare trimestralmente (dal 2015) un indicatore sulla tempestività dei pagamenti definito in modo omogeneo.

Passiamo all'ultimo componente della riforma: i controlli sul rispetto delle norme sugli acquisti. Inutile avere regole, se nessuno ne controlla il rispetto. Eppure nessuno si era mai sognato di verificare se le norme che vincolavano gli acquisti delle pubbliche amministrazioni a certi parametri di efficienza di prezzo/qualità – per esempio quelle per cui certi prodotti possono essere acquistati fuori Consip dagli enti territoriali solo se i prezzi di acquisto sono più bassi di quelli Consip – erano rispettate. Il decreto legge 66 affida all'Avcp-Anac l'incarico di esercitare "compiti di controllo sulle attività finalizzate all'acquisto di beni e servizi". È una frase abbastanza generica, ma dovrebbe essere sufficiente, se combinata con un po' di buona volontà, a rendere più efficaci controlli finora del tutto inadeguati, o meglio inesistenti.

Per anticipare i controlli, nel luglio 2014 come commissario ho preso l'iniziativa, congiuntamente al nuovo capo dell'Anac, il presidente Raffaele Cantone, di inviare a un campione di 200 amministrazioni che avevano acquistato in autonomia alcune merceologic standard (carburanti, elettricità eccetera) la richiesta dei contratti di acquisto, in modo da poter verificare se i prezzi erano effettivamente più bassi di quelli Consip.

L'iniziativa si è conquistata una certa attenzione da parte dei media, ed è stato un bene. Perché controlli a campione abbiano impatto su tutte le pubbliche amministrazioni, e non solo su quelle effettivamente controllate, occorre che siano adeguatamente pubblicizzati. È la probabilità di essere controllati, non tanto il controllo effettivo, ad avere un impatto sui comportamenti.

La reazione delle pubbliche amministrazioni è stata, in parte, quella auspicata. Certo, sono arrivate lamentele da parte di chi ha ricevuto le lettere. Alcuni sindaci si sono sentiti offesi, anche se non c'è alcuna presunzione di colpevolezza in un controllo fatto a campione. Ma sembra che, dopo aver spedito le lettere, gli acquisti tramite Consip siano aumentati.

Quali sono stati gli esiti dei controlli? Qui purtroppo le cose sono procedute lentamente. Il 9 ottobre 2014 l'Anac ha emanato un comunicato stampa – che sfortunatamente ha attirato pochissima attenzione – indicando la percentuale delle amministrazioni soggette a controlli che affermavano di aver comprato fuori Consip perché i prezzi erano più bassi. Per alcuni comparti, queste percentuali erano elevate (il 90 per cento per i comuni), per altri erano più basse (il 70 per cento per le aziende sanitarie). Questo però riguarda semplicemente le dichiarazioni presentate dalle varie amministrazioni nelle lettere di accompagnamento ai contratti. Fino a quel punto nessuno aveva ancora letto i documenti per verificare se le autodichiarazioni fossero corrette. Anche in questi termini, resta comunque interessante osservare che un numero non trascurabile di amministrazioni non ha neppure cercato di sostenere di aver comprato a prezzi più bassi. L'Anac notava che "su tutte le risultanze saranno effettuati ulteriori accertamenti anche sulla veridicità dei dati indicati". Occorreva quindi passare a un controllo sostanziale, che sembra essere ancora in corso.

I risparmi ottenuti e quelli che si potranno ottenere

L'area della spesa per beni e servizi ha contribuito già in modo significativo all'aggiustamento nel 2014-2015. Tenendo conto sia del decreto legge 66 del 2014, sia della Legge di stabilità per il 2015, gli stanziamenti per acquisti di beni e servizi sono stati ridotti di circa 3 miliardi, senza contare quelli che potranno essere decisi dagli enti territoriali per definire il proprio contributo alle manovre per il 2015 (vedi capitolo 1).

Si è riusciti a incidere sui prezzi di acquisto, com'era nelle intenzioni? Ancora non si sa. Sono stati tagliati gli stanziamenti, le amministrazioni dovevano farvi fronte riducendo le spese. Per facilitare il risparmio, è stata data loro la facoltà (decreto legge 66/2014) di rinegoziare i contratti già in essere, fino a una possibile riduzione degli importi pari al 5 per cento. Resta tuttavia l'incertezza su come le varie amministrazioni abbiano affrontato questa necessità e, in particolare, se abbiano effettivamente cercato di comprare a prezzi più bassi o se invece abbiano ridotto le quantità acquistate. Non esistono al momento informazioni in proposito e ci vorrà tempo per averle.

È comunque necessario proseguire con la riforma degli acquisti perché ci sono ancora margini. I lavori della

Revisione della spesa stimavano i possibili risparmi raggiungibili nel 2016 (rispetto a un quadro in assenza di riforme) in circa 7,2 miliardi solo attraverso una pura azione di accentramento degli acquisti, senza contare quelli che potevano derivare da un'accelerazione dei pagamenti, che potrebbero essere stimati nell'ordine di altri 2-3 miliardi. I risparmi finora realizzati quindi sono forse solo un terzo di quelli che potranno essere ottenuti a regime.

3.

La normalità delle auto blu

In un bel pomeriggio di primavera, intorno alle 17, esco da Palazzo Chigi in compagnia di un alto funzionario del ministero dell'Economia e delle finanze – non un funzionario di livello "apicale", come si dice in burocratese, ma immediatamente sotto – dopo una riunione con il presidente del Consiglio. Mi avvio verso via del Tritone per tornare al ministero. Penso che potrò continuare a discutere con lui del tema della riunione. Ma vedo che prende il cellulare e chiama il ministero: "Mi potete mandare una macchina che ho finito la riunione a Chigi?". Ora, da Palazzo Chigi al ministero (via XX Settembre 97) ci vogliono circa venti minuti (in direzione opposta un po' di meno, visto che si va in discesa). Con il traffico del tardo pomeriggio a Roma, una macchina che parte dal ministero, arriva a largo Chigi e torna indietro ci impiega una ventina di minuti. Mettici poi i tempi per reperire l'autista, scendere nel cortile a prendere la macchina eccetera... Lo saluto e me ne torno a piedi. Si fa prima. E la salute ci guadagna.

Qualche mese dopo: siamo a settembre, il tempo è sempre ottimo e si ripete la stessa scena, con un altro funzionario del ministero dell'Economia. Solo che stavolta la riunione appena terminata è al ministero dello Sviluppo economico, che sta in via Veneto, dieci minuti scarsi da via XX Settembre. Chiamare una macchina per farsi venire a prendere quando si è a dieci minuti di distanza a piedi mi sembra davvero un po', come dire, eccessivo.

I due funzionari in questione sono bravissime persone, del tutto dedite al proprio lavoro. Non sono colpevoli, sono semmai vittime di abitudini consolidate, per cui è "normale" avere a disposizione una macchina e un autista anche per spostamenti di minore entità. Tanto la macchina comunque c'è e l'autista viene pagato lo stesso anche se non lo chiamo, no?

Questo capitolo parla delle cosiddette auto blu, le auto con autista messe a disposizione di politici e funzionari pubblici, non per motivi di sicurezza (dedico solo un breve post scriptum sulle "scorte" alla fine del capitolo) ma per "motivi di servizio". Come vedremo, non si tratta di spese enormi. Ma vale la pena di soffermarsi sull'argomento per due motivi.

Primo, anche se la spesa complessiva è modesta, si tratta comunque di spese che, a torto o a ragione (e credo a ragione), sono considerate, da parte del cittadino comune, un privilegio. Senza tagliare queste spese, diventa più difficile giustificare tagli che toccano molti. Secondo, ripercorrere il difficile cammino durato quasi sette mesi che ha consentito, appena prima di Natale 2014, di pubblicare sulla "Gazzetta Ufficiale" un decreto che taglia ulteriormente le auto blu consente di illustrare una serie di ostacoli da superare nel processo di riforma della spesa. Si tratta quindi di un utile studio di caso.

Cosa è "normale"? L'esperienza degli altri paesi

Una delle difficoltà principali che ho incontrato nel discutere il problema delle auto blu con dirigenti pubblici è quella di far loro capire che non è "normale", che era strano, per un paese avanzato come l'Italia fornire ai propri funzionari auto di servizio, anche per uso lavorativo. Ma come? L'auto mica la utilizzo per farmi portare a fare acquisti! La uso per lavorare, per andare ai meeting in altri ministeri. Togliendomi la macchina, mi diventa più difficile lavorare.

Sappiamo bene che esistono ancora casi di macchine blu utilizzate per il trasporto personale (mi sono stati segnalati alcuni casi quando facevo il commissario).[1] Ma non è normale negli altri paesi utilizzare auto di servizio con autista per spostarsi da una parte all'altra della città, anche per motivi di servizio. Si va a piedi, si usa il trasporto pubblico, o si usano taxi convenzionati. Almeno nei paesi avanzati. Nei paesi a più basso reddito le auto blu – uno status symbol per politici e funzionari pubblici – abbondano (ne ho viste tante nel mio lavoro al Fondo monetario). Ma con chi si deve confrontare l'Italia?

Nel Regno Unito non esistono auto di servizio a livello di singoli ministeri. Esiste un *car pool* (di circa 80-90 macchine per l'intera amministrazione centrale), che può essere usato solo da ministri e funzionari di grado più elevato (a livello di permanent secretary, cioè il grado più alto della pubblica amministrazione britannica, uno per ministero) per motivi di servizio (ma i politici non possono usare le auto blu per partecipare a eventi politici). Ogni venerdì l'ufficio del ministro manda una richiesta al *car pool* indicando le necessità per la settimana seguente. Molti ministri preferiscono andare a piedi o usano il trasporto pubblico.

In Germania sono più generosi, ma non di tanto. Il ministero delle Finanze tedesco ha otto macchine in tutto (esclusa quella con scorta del ministro). Lo staff, compresi i direttori generali, è incoraggiato a usare il trasporto pubblico o biciclette messe a disposizione dal dicastero.

Quando lo raccontavo nei corridoi dei ministeri romani, mi veniva talvolta obiettato che negli altri paesi i servizi di trasporto pubblico funzionano e per questo le auto blu sono meno necessarie. Ora, è vero che la metropolitana di Londra funziona bene. Ma non credo che il cittadino comune possa capire che solo lui deve subire il traffico mentre i funzionari pubblici possono viaggiare trasportati da autisti. Fra l'altro, come ho esemplificato all'inizio del capitolo, molto spesso spostarsi a piedi è più rapido che farlo con l'auto blu.

Quante auto blu ci sono in Italia?

Addentriamoci ora nell'autoparco blu italiano. Quante sono le auto blu? Chiariamo prima cosa si intende: chiamiamo auto blu le auto con autista adibite per il trasporto dei funzionari pubblici e dei politici. Questa è anche, più o meno, la definizione utilizzata nella banca dati "ufficiale", quella mantenuta dal Formez, una società partecipata dal dipartimento della Funzione pubblica di Palazzo Chigi. Al primo novembre 2014 il Formez censiva 53.860 auto detenute in proprietà o ad altro titolo (per esempio, noleggio) dalla pubblica amministrazione. Di queste però "solo" 5727 erano "blu".[2] Le altre sono utilizzate per il trasporto di materiale, per effettuare ispezioni eccetera. Anche quelle non blu sono probabilmente troppe, ma concentriamoci su queste.

Delle 5727 auto blu censite, 1460 erano utilizzate dalle amministrazioni centrali (i ministeri e altri organi quali enti pubblici, organi costituzionali eccetera)[3] mentre il grosso (4267) erano delle amministrazioni locali (regioni, province, comuni, Asl e relativi enti). Quindi il fenomeno delle auto blu non è solo un fenomeno "romano". Tutt'altro.

Millequattrocentosessanta auto blu nelle amministrazioni centrali sono un po' di più delle 80-90 del *car pool* britannico. Ma questo numero riflette già una forte discesa registrata nel corso degli ultimi anni per effetto di interventi restrittivi. A fine 2012 ce n'erano 1881; a fine 2013 erano 1730, per poi scendere a 1460 solo undici mesi dopo, con una più rapida decelerazione. Quindi ci si sta muovendo da tempo nella direzione giusta. Ma siamo ancora lontani dagli standard dei paesi con cui dobbiamo confrontarci e ulteriori passi avanti sono necessari (vedi più avanti).

Inoltre, il censimento delle auto blu ne sottostima seriamente il numero effettivo perché non include due componenti. Primo, le auto del ministero dell'Interno, che non ha mai partecipato al censimento. Dovrebbero essere circa 300, anche se non si conosce il numero esatto. Secondo, le auto fornite dai cinque principali corpi di polizia ai ministeri di cui fanno parte, che pure non vengono censite.

Facciamo un esempio concreto: nel 2013 (non ho un dato più aggiornato, ma non credo le cose siano molto cambiate) la Guardia di finanza forniva 12 auto, con relativi autisti, al ministero dell'Economia e delle finanze per il trasporto di persone. Fra l'altro, la Guardia di finanza, una volta annunciata la mia nomina a commissario, offrì una macchina con autista anche a me. Ovviamente, visto il compito affidatomi, declinai l'offerta. Non c'è nulla di irregolare, né di strano per gli standard italiani, nella fornitura di auto da parte della Guardia di finanza. I Carabinieri forniscono auto al ministero della Difesa. La Polizia penitenziaria al ministero della Giustizia. Il Corpo forestale le fornisce al ministero dell'Agricoltura. E la Polizia al ministero dell'Interno. Ovviamente, una parte di queste auto è fornita per finalità di protezione. Ma non tutte.

Il numero riportato dal censimento ufficiale sottostima quindi il numero effettivo di auto blu dell'amministrazione centrale di almeno 300-400 unità. Il vero numero è intorno a 1800.

Chi ha più auto blu?

L'80 per cento delle auto blu delle amministrazioni centrali appartiene ai ministeri. Qui però la parte del leone la fanno tre dicasteri.

Di gran lunga il "maggior consumatore" è il ministero della Giustizia con 800-900 auto, quasi tutte di sua proprietà. Il motivo è semplice: i tribunali e le procure di tutta Italia hanno auto blu, spesso più di una. Prendiamo, per esempio, la sede di Ancona. A inizio 2014 ce n'erano sei, due per il Tribunale vero e proprio, due per la Corte d'appello, una per il Tribunale dei minori e una per il Tribunale di sorveglianza. A queste si aggiungono le cinque auto blu delle procure: due per la procura vera e propria, due per la procura generale, una per la procura dei minori. Poi, sempre facendo capo al ministero della Giustizia, c'è l'auto blu della direzione distrettuale Antimafia di Ancona. Insomma, un totale di dodici auto blu ad Ancona, tutte facenti capo al ministero della Giustizia. Inevitabile chiedersi se non siano troppe e se non sarebbe possibile organizzare un pool di tre-quattro macchine, utilizzabili a rotazione da parte di tutte le componenti locali del ministero della Giustizia.[4] Certo, occorrerebbe superare certe barriere istituzionali esistenti fra i vari comparti del ministero. Ma non mi sembra che l'autonomia di nessuno sia violata mettendo in comune auto blu. Certo, vorrebbe dire, magari, che alle cerimonie ufficiali una sola macchina porta il presidente del Tribunale e il presidente della Corte d'appello. Non mi sembra così grave.

Forse pensate che alla chiusura di vari "tribunalini" nel 2013 sia corrisposta una riduzione di auto blu. Temo di dovervi deludere. Mi è stato riferito, anche se non ho controllato di persona, che con la chiusura del Tribunale e della Procura di Crema, le due auto blu corrispondenti sono state trasferite a Cremona (che già ne aveva due).

Al secondo posto, se si prende per buona la stima sopra riportata, si trova il ministero dell'Interno, circa 300 auto sparse in tutta Italia, per esempio nelle varie prefetture. Vorrei potervi dire di più ma, come ho notato, non ci sono cifre ufficiali.

Al terzo posto, con un po' meno di 300 auto blu, c'è il ministero della Difesa. Anche queste sono sparse sul territorio nazionale. Mi è stato spiegato – forse tra il serio e il faceto – che uno dei motivi per cui le auto blu sono necessarie in questo ministero è che i regolamenti sulle uniformi dell'esercito e della marina non prevedono esplicitamente l'uso dell'ombrello in caso di pioggia. Certo, senza ombrello, in caso di pioggia avere una macchina può essere utile. Il regolamento dell'aeronautica è stato invece aggiornato con una direttiva del 30 ottobre 2012, consentendo esplicitamente l'uso dell'ombrello, peraltro con un dettaglio molto preciso sulle caratteristiche dello strumento consentito. Ho narrato questo episodio in un'intervista al "Corriere della Sera" nell'ottobre 2014, attirandomi un po' di critiche da parte di rappresentanti del ministero della Difesa. Non intendevo certo gettare discredito sulle Forze armate. Fra l'altro, il divieto dell'ombrello per i militari in uniforme è previsto anche negli Stati Uniti. Ma mi è sembrato interessante che questo fatto fosse stato menzionato, seppur forse celiando, rispetto all'uso delle auto blu. Che comunque restano numerosissime in questo ministero.

Se guardiamo agli enti territoriali, suddivisi per regione, emerge una mappatura geografica degli sprechi che abbiamo già citato nel capitolo 1 e che troveremo replicata in altre pagine di questo libro: al Nord si spreca meno che al Centro e al Sud. Le regioni di gran lunga più virtuose sono l'Emilia-Romagna (19 auto blu per 100.000 abitanti) e il Veneto (28 auto blu). Lombardia, Toscana, Piemonte, Friuli Venezia Giulia e Liguria stanno tra le 40 e 50 auto blu. Al Nord solo due regioni sono messe maluccio, e, cosa che non sorprende, sono a statuto speciale: Trentino-Alto Adige (77) e Valle d'Aosta (173), anche se, per quest'ultima, il fattore dimensione può spiegare in parte l'anomalia (alcune strutture amministrative non dipendono dal numero degli abitanti, ma sono un costo fisso). Se si va al Sud però anche le regioni più grandi abbondano di auto blu rispetto alla popolazione: la Sicilia, che è più o meno vasta quanto il Veneto, ha 131 auto blu per 100.000 abitanti, quasi cinque volte in più del Veneto e quasi sette volte in più dell'Emilia-Romagna. Campania e Puglia stanno un po' meglio (circa 90 auto). Per Calabria e Sardegna si va intorno alle 140-150 auto, due volte e mezzo la Liguria (che ha dimensioni simili). Il record negativo è della Basilicata (237 auto), anche in questo caso solo in parte spiegato dal fattore dimensionale. E il Lazio? Non sta messo malissimo: 57 auto, peggio delle regioni del Nord di dimensione simile ma meglio di quelle del Sud.

Anche qui, però, si tratta di virtuosità relativa. Il sindaco di una grande città del Nord mi diceva come la stampa cittadina esagerasse il numero delle auto blu del suo comune: "Dicono che ne abbiamo 25? Ma come, dovrebbero sapere che le auto blu le hanno solo il sindaco e gli assessori comunali, che sono solo 12!". A me veniva da chiedermi perché mai gli assessori comunali dovessero avere l'auto blu. Ma me ne sono stato zitto per evitare polemiche.

Sempre riguardo agli enti territoriali, stupisce il numero di auto blu delle Asl: quasi 700. Fece scalpore qualche tempo fa la rinuncia da parte di un direttore generale di Asl all'auto blu assegnatagli, che fu trasformata in un'auto medica per il trasporto di plasma.

Quanto costano le auto blu?

Vi ho detto che il costo non è elevatissimo, ma vale la pena comunque considerarlo. Per ratei di acquisto, canoni di noleggio, gestione eccetera è di circa 35 milioni di euro l'anno, senza contare il personale. Con le spese del personale si sale a 280-350 milioni, a seconda delle ipotesi sul numero di autisti per auto (in molti casi sono due, in modo da consentire una disponibilità per un più elevato numero di ore al giorno). In termini di costi, dunque, il problema non sono tanto le auto blu ma gli "autisti blu". Questo non vuol dire che non si possa risparmiare sul persona le riducendo le macchine: nel tempo, la non assunzione di nuovi autisti porta a risparmi anche sul personale. E la tempistica può essere accelerata riassegnando gli autisti a nuovi incarichi (non è difficile per quelli che appartengono alle forze di polizia) e riducendo le assunzioni. Certo, così l'età media dei dipendenti pubblici aumenta, ma torneremo su questo tema nel capitolo 8.

Come si è intervenuto sulle auto blu

Come ho detto, il numero di auto utilizzate dalla pubblica amministrazione, e il numero di auto blu in particolare, si è ridotto nel corso del tempo. Questo è stato l'effetto soprattutto della riduzione degli stanziamenti per le spese per le macchine e di altri provvedimenti simili. Per esempio, il decreto legge del 6 luglio 2012 indicava che la spesa per acquisto, noleggio e gestione auto per il 2013 doveva dimezzarsi rispetto a quella sostenuta nel 2011 e la Legge di stabilità per il 2013 proibiva il leasing di auto (ma, per qualche motivo, non il noleggio). Inoltre, un decreto del presidente del Consiglio del 3 agosto 2011 stringeva le regole di assegnazione delle auto blu (anche se in modo piuttosto blando, in pratica).

Fatto sta che, quando ho cominciato a lavorare come commissario, il numero di auto blu restava palesemente eccessivo (bastava guardare il numero di auto parcheggiate nel cortile del ministero dell'Economia e delle finanze durante il weekend per rendersene conto).

Nel 2014 si è intervenuti nuovamente. Guardiamo a quel che è stato fatto, ma anche al difficile percorso che è stato necessario, così da renderci conto degli ostacoli che devono essere superati per riformare la spesa pubblica italiana. I momenti principali del percorso che ha portato a una nuova stretta sulle auto blu, percorso durato circa sette mesi per far entrare in vigore un provvedimento di una pagina e mezza, sono stati i seguenti:

- Il punto di partenza è stato il decreto legge 66 di fine aprile che stipulava, fra le altre cose, che sarebbe stato emanato un decreto del presidente del Consiglio dei ministri (un cosiddetto Dpcm) per fissare a cinque il tetto di auto blu di ogni amministrazione pubblica.
- Una bozza di Dpcm era stata preparata nel corso dei lavori della Revisione della spesa, ma la finalizzazione della bozza ha richiesto mesi: occorreva il "concerto" (cioè l'accordo formale) del ministero dell'Economia e delle finanze, i cui uffici legislativi erano impegnati in molte altre cose. C'erano anche differenze di sostanza nell'interpretazione del decreto legge 66 tra questo ministero e il dipartimento della Funzione pubblica della presidenza del Consiglio responsabile della stesura del provvedimento. Si sono perse settimane perché il ministero riteneva di aver dato il proprio consenso, mentre la comunicazione formale sembrava non essere stata trasmessa.
- Nel frattempo, in sede di conversione del decreto 66, un emendamento aveva stipulato che il limite di cin-

que auto sarebbe stato operativo anche senza il Dpcm di attuazione, ma nulla si è mosso in pratica in assenza del Dpcm.

- Fatto sta che solo il 25 settembre 2014 il Dpcm è stato firmato dal presidente del Consiglio. Storia finita?
- No, perché il Dpcm è dovuto, come tutti i Dpcm, passare al controllo della Corte dei conti che ha impiegato circa un mese per fare le proprie osservazioni (su un documento di una pagina e mezza, ripeto). Altro tempo è passato per ricevere e valutare le risposte fornite alle osservazioni della Corte, sicché solo l'11 dicembre il Dpcm è stato pubblicato sulla "Gazzetta Ufficiale", entrando quindi in vigore, quasi sette mesi dopo il decreto legge che ne aveva previsto l'emanazione.

Non importa. Il decreto è in vigore. Cosa fa? Fondamentalmente dice che, a parte l'auto del ministro, ogni amministrazione centrale (in linea di principio ogni ministero) avrà al massimo cinque auto blu (di proprietà o detenute in qualsiasi altro modo). Ma questo è il massimo: il numero di auto dipenderà dal numero dei dipendenti di ogni amministrazione. Inoltre, si fa divieto alle amministrazioni (comprese quindi le forze di polizia) di fornire auto ad altre amministrazioni. C'è un breve periodo di tempo per adeguarsi ai nuovi tetti per le amministrazioni con molte auto blu, ma l'aggiustamento deve avvenire entro metà 2015. Unica eccezione: i contratti di noleggio esistenti saranno mantenuti fino alla scadenza (per evitare penali). Le auto in eccesso che sono di proprietà devono essere cedute a titolo gratuito a onlus. Fino alla metà dei risparmi sui costi operativi delle auto blu dismesse può essere utilizzata per l'acquisto di buoni taxi.

Si tratta di un buon passo avanti, anche se meno ambizioso di quanto avevo inizialmente sperato. Un punto debole riguarda la previsione di un massimo di un'auto blu anche per le piccole amministrazioni (quelle con meno di 50 dipendenti): come dire che un'auto blu non si nega a nessuno. Nella versione iniziale del provvedimento si prevedeva esplicitamente che le amministrazioni fino a 50 dipendenti non ne avrebbero avuto. Non so quando (o da chi) questo sia stato cambiato, ma è stato cambiato.

Secondo, il divieto per le forze di polizia di assegnare vetture ad altre amministrazioni riguarda, stranamente, solo quelle assegnate "a uso esclusivo", il che costituisce un notevole annacquamento rispetto alla proposta iniziale, visto che sarà sufficiente assegnare le vetture a uso non esclusivo (ma che, di fatto, saranno utilizzate quasi certamente solo dal funzionario cui sono assegnate seppure in uso non esclusivo).

Restano anche incertezze interpretative: la principale riguarda il termine "amministrazione", soprattutto rispetto alla presenza sul territorio dell'amministrazione centrale combinato con la previsione di un'auto blu anche per le piccole amministrazioni. Un piccolo tribunale, una procura è una "amministrazione"? Quante "amministrazioni" ha ad Ancona il ministero della Giustizia?

Infinc, il Dpcm non interviene direttamente sulle amministrazioni locali, per problemi di indipendenza costituzionale, prevedendo semplicemente che le regioni e gli enti locali adeguino i propri ordinamenti a quanto previsto in uno degli articoli del Dpcm (quello che riguarda le modalità di utilizzo delle auto blu) ma non all'intero Dpcm. E visto che tre quarti delle auto blu le hanno le amministrazioni locali, occorre sperare nella pressione dell'opinione pubblica perché gli enti locali adottino rapidamente misure più restrittive. Restano esclusi anche gli organi costituzionali. Ogni giudice della Corte costituzionale ha un'auto blu che può tenere fino a dodici mesi dopo la scadenza del proprio mandato (fino a un paio di anni fa l'auto veniva tenuta a vita).

Insomma, si tratta di un altro passo avanti ma resta ancora da verificare la sua attuale portata.

Una postilla sulle scorte

Non c'è stato modo di affrontare nel dettaglio la questione delle scorte nel corso del mio lavoro come commissario. Il tema è molto delicato. Resta però, sulla base delle informazioni raccolte, l'impressione che la spesa sia eccessiva.

Secondo i dati fornitimi dal ministero dell'Interno, la spesa per servizi di scorta e tutela è di circa 170 milioni l'anno, in corrispondenza di 550 scorte ripartite in diversi livelli di sicurezza. È però probabile che questa cifra non includa le spese sostenute per i servizi di sicurezza gestite dall'intelligence, incluse quelle per gli ex presidenti del Consiglio. Le decisioni sull'assegnazione delle scorte spettano all'Ufficio centrale interforze per la sicurezza. Il problema principale non è tanto nella concessione di scorte, che avviene effettivamente sulla base di elementi di rischio spesso legati al ruolo istituzionale dei soggetti protetti, ma nel fatto che esiste una forte inerzia al loro mantenimento nel tempo. I giornali hanno spesso riportato casi di mantenimento delle scorte anche diversi anni dopo la cessazione dell'attività istituzionale (se veda, per esempio, l'articolo *Più scorte per tutti* di Emiliano Liuzzi, pubblicato su "il Fatto Quotidiano" il 17 febbraio 2014). Molte polemiche sono state sollevate per la scorta mantenuta dal presidente Berlusconi anche dopo la sua uscita da Palazzo Chigi, fra l'altro sulla base di una norma che consentiva al presidente del Consiglio, nell'assegnazione di scorte, di definire modalità differenziate da quelle normalmente previste per "specifiche circostanze e casi determinati". In conclusione, una revisione della spesa in quest'area sembrerebbe opportuna.

4.
Le spese militari: spendiamo troppo? Di certo spendiamo male

Non c'è forse nessuna spesa più "politica" della spesa militare. Quanto sia appropriato sborsare per la difesa di un paese non è un tema che può essere lasciato agli economisti e neppure ai militari, avrebbe detto Clemenceau. Certo, aree di spreco (nel senso di spese che non aggiungono molto alla capacità di difesa di una nazione) si possono individuare anche senza essere politici. Ma come possono degli economisti esprimere pareri su quanto un paese dovrebbe spendere per la propria difesa?

Be', c'è qualcosa che essi possono fare, come input per decisioni politiche: confrontare la spesa di un paese con quella di altri simili. Il comportamento degli altri stati, corretto per i vincoli finanziari che l'Italia fronteggia, può essere preso come punto di riferimento (benchmark) per valutare l'adeguatezza della spesa militare. È questo l'approccio seguito nel corso della Revisione della spesa da me condotta, e che nel paragrafo seguente viene applicato alla spesa per la difesa. Il resto del capitolo discute invece come questa spesa potrebbe essere ridotta.

Quanto spendono l'Italia e gli altri paesi per la difesa?

Per sapere quanto spende l'Italia per la propria difesa non è sufficiente guardare nel bilancio del ministero della

Difesa. Il motivo è che in questo bilancio – la cui dimensione è di circa 20 miliardi – sta anche gran parte delle spese per l'Arma dei carabinieri, che forniscono prevalentemente servizi di polizia e non di difesa militare. Si tratta di circa 5 miliardi e mezzo (al netto di spese propriamente militari sostenute dai Carabinieri). D'altro canto, il bilancio della Difesa non include certe spese per armamenti, che figurano nel bilancio del ministero dello Sviluppo economico (dai 2 ai 2 miliardi e mezzo, a seconda dell'anno; si veda il capitolo 11 sui trasferimenti alle imprese), e le spese per le missioni di pace all'estero. Tenendo conto di tutte queste voci, le spese per la funzione di difesa erano di circa 18 miliardi nel 2013 (ossia l'1,1-1,2 per cento del Pil italiano).

Questa cifra è più o meno in linea con quella dei paesi dell'area dell'euro (1,3 per cento del Pil), anzi è leggermente più bassa. Come discusso nel capitolo 1, però, è sbagliato individuare nella semplice media della spesa negli altri paesi il benchmark per valutare l'adeguatezza della spesa italiana. Occorre anche tener conto del fatto che il già ricordato peso elevato del debito pubblico (e quindi degli interessi su di esso) e la citata scarsa elasticità della spesa per le pensioni riducono lo spazio per le altre spese. Tenendo conto di questi fattori (e degli altri discussi nel capitolo 1), si giunge alla conclusione che un benchmark appropriato per l'Italia è di circa lo 0,9 per cento del Pil ovvero lo 0,2 per cento in meno rispetto a quanto si spende. Seguendo questa logica, si dovrebbero risparmiare circa 3 miliardi.

Naturalmente si potrebbe sostenere che altri paesi, al di fuori dell'area dell'euro (come gli Stati Uniti o la Gran Bretagna), spendono di più di quelli dell'eurozona. Ma l'insieme dei paesi con cui condividiamo la moneta e verso i quali non è possibile svalutare per recuperare competitività sembra costituire, dal punto di vista economico, il punto di riferimento più appropriato. Come pure dal punto di vista geopolitico (sono quasi tutti paesi che fanno parte dell'Alleanza atlantica, specialmente i più grandi).

La composizione della spesa militare italiana e gli spazi per i risparmi

Si potrà dissentire sul fatto che l'Italia spenda troppo per la funzione difesa ma tutti, militari compresi, sono d'accordo che si spende male. La composizione della spesa è fortemente sbilanciata verso le spese per il personale, mentre si eroga relativamente meno per l'acquisto di armi, e ancor meno per i costi di esercizio (le esercitazioni). Circa due terzi della spesa per la difesa va in stipendi (circa 176.000 militari più circa 28.000 civili nel 2014), meno di un quarto in armamenti e solo il 10 per cento in spese di esercizio. Secondo le statistiche Nato (si veda il comunicato stampa del 24 febbraio 2014 su "Financial and Economic Data Relating to Nato Defence"), la spesa per il personale era la terza più alta tra i ventisette paesi dell'Alleanza atlantica, preceduta solo da Slovenia e Belgio). In Italia il numero dei militari è gonfiato dalla quota dei marescialli, il grado superiore dei sottufficiali: lo sono quasi un terzo dei membri dell'esercito. Insomma, abbiamo tanti militari ma potrebbero essere armati meglio e, soprattutto, esercitarsi di più. Avremo anche navi e carri armati, ma non il carburante per muoverli. È una situazione chiaramente paradossale.

Eliminare quest'anomalia è l'obiettivo della riforma lanciata con la legge 244 del 2012, volta a raggiungere una composizione della spesa più adeguata alle esigenze di forze armate moderne: 50 per cento per il personale, 25 per cento per gli armamenti e 25 per cento per l'esercizio, in linea con la composizione di altri paesi (per esempio la Francia) e con quello che è considerato lo standard appropriato.

In altri termini, si riduce la spesa del personale per aumentare soprattutto quella di esercizio e, in parte, quella per gli armamenti. L'obiettivo è quello di ridurre il personale militare delle forze armate a 150.000 unità, una diminuzione di quasi il 15 per cento. Allo stesso tempo si prevede una riduzione del personale civile di quasi un terzo (da 28.000 a 20.000 unità).

Questa riforma è di grande importanza ma, dal punto di vista della Revisione della spesa, presenta due anomalie.

Innanzitutto, i tempi di attuazione sono molto lunghi: il completamento della riforma è previsto per il 2024, occorre ancora un decennio. Certo, riforme di questo tipo richiedono tempo, ma dieci anni sono davvero tanti. Secondo, l'obiettivo della riforma è semplicemente quello di arrivare a una ricomposizione della spesa, non a una sua riduzione. Tutto quel che si ricava dalle operazioni di efficientamento deve essere reinvestito nel settore stesso.[1] Fra l'altro, il gruppo di lavoro per la Revisione della spesa guidato dal ministero della Difesa dal dicembre 2013 al febbraio 2014 ha applicato questo principio anche alla nuova fase di revisione della spesa, ritenendo che il principio di esborsi invariati dovesse essere considerato prioritario anche rispetto all'obiettivo del risparmio fissato per la Revisione della spesa.

Esisteva anche una terza anomalia, cui peraltro si è posto rimedio. I decreti inizialmente inviati in Parlamento a inizio ottobre 2013 prevedevano degli "scivoli" molto generosi per il personale del settore. Veniva previsto, in particolare, l'istituto della "esenzione dal servizio", che consentiva a chi ne usufruiva di smettere di lavorare fino a dieci anni prima dell'età del pensionamento continuando a ricevere l'85 per cento della retribuzione. Non solo: il trattamento risultava cumulabile con il reddito derivante da lavoro autonomo e da collaborazioni e consulenze al di fuori del settore pubblico. Non male come prepensionamento.

Questa terza anomalia, segnalata per esempio dal "Corriere della Sera" del 3 novembre 2013 e da esperti quali Pietro Ichino (si veda http://www.pietroichino.it/?p=28812), risultava particolarmente problematica per il processo di Revisione della spesa, visto che fissava un precedente, molto generoso, per altre operazioni che avrebbero potuto diventare necessarie in caso di esuberi in altri settori. Come commissario ho segnalato la necessità di coordinare eventuali "scivoli" nel settore della Difesa con quelli di altre aree. Non so se sia stato il risultato di questa mia segnalazione, o di quelle sopra riportate, fatto sta che la versione finale dei decreti legislativi pubblicata a fine gennaio 2014 sulla "Gazzetta Ufficiale" non conteneva più gli scivoli: una decisione saggia.

È chiaro che risparmi significativi potrebbero essere ottenuti da una revisione della legge 244 del 2012 e relativi decreti legislativi. Basterebbe prevedere che solo una parte dei risparmi derivanti dalla riduzione del personale sia reinvestita nel settore stesso. E i risparmi potrebbero essere aumentati anticipando la riforma di qualche anno. In proposito, un piccolo risparmio sulle spese di personale (circa 60-90 milioni a partire dal 2015) è stato previsto nell'ultima Legge di stabilità.

Resta secondo me aperta anche la questione della dimensione delle forze armate italiane, sempre da un punto di vista di puro confronto internazionale, visto che alla fine la decisione non può che essere politica. Come si è detto, la riforma prevede 150.000 unità per le forze armate. La Germania, nel 2013, aveva 184.000 effettivi (il 23 per cento più di quanti ne avremo noi), pur avendo una popolazione del 35 per cento superiore a quella italiana, una forza lavoro del 60 per cento superiore, un debito pubblico di oltre cinquanta punti percentuali di Pil più basso e su cui paga tassi di interesse molto inferiori. Ce lo possiamo permettere?

Quali altri fonti di risparmio esistono nella spesa per la difesa?

Ci sono le missioni di pace all'estero. Il loro ruolo strategico è qualcosa su cui non mi permetterei mai di intervenire. Non sono cose da economisti. E poi gli storici stanno ancora valutando l'utilità dell'intervento del Regno di Sardegna nella Guerra di Crimea nel 1855... Sono cose complicate. Resta il fatto che queste missioni costano circa un miliardo all'anno, il grosso del quale va per l'Afghanistan, dove siamo da circa un decennio. Si tratta di spese stanziate di anno in anno, spesso per importi inizialmente insufficienti per coprire l'intero anno, e che devono poi essere integrati in corso d'anno, una pratica poco trasparente superata con la Legge di stabilità per il 2015 che prevede uno stanziamento adeguato per l'intero periodo.

Bisogna notare che interrompere queste missioni comporterebbe un costo iniziale per riportare a casa soldati e materiale. Quanto costa il rientro? Quando ho fatto la domanda al ministero della Difesa nel novembre 2014, mi è stato risposto che poteva costare fino a 4 miliardi, con cifre particolarmente elevate per il rientro dall'Afghanistan, un paese senza sbocchi sul mare e con "vicini" non facilmente attraversabili, il che rendeva il rientro per via aerea, almeno fino a un porto della penisola araba, preferibile. Un miliardo all'anno per restare e 4 per tornare?

Certo, dal punto di vista finanziario, nessuna delle due opzioni sembrava particolarmente attraente. In realtà, diversi esperti contattati nel corso della Revisione della spesa stimano cifre molto più basse (qualche centinaio di milioni) anche per l'opzione più costosa, quella aerea. Tanto per darvi un'idea, e senza alcuna pretesa di esattezza, affittare un grande aereo da trasporto tipo Antonov per un volo di andata e ritorno costa circa 70.000 euro. Con 400 milioni si pagano 570 voli. In Afghanistan ci sono circa 2000 soldati italiani e relativo materiale. Fate voi i conti.

Sulle spese per gli armamenti non ho molto da dire. Per esempio, la questione se gli F-35 siano o meno un buon investimento non può essere valutata da economisti. Occorrono esperti del settore e sappiamo che i pareri sono diversi. Una sola nota. Il taglio delle spese per armamenti è la soluzione più rapida da adottare per ridurre la spesa. Nel decreto legge 66 del 2014 è questa la strada percorsa, con una riduzione di circa 400 milioni della spesa (peraltro per il solo 2014, non per gli anni successivi). È da tener presente, però, che la spesa per gli armamenti viene contabilizzata, seguendo le regole europee, sulla base del momento della consegna dell'armamento, non dell'ordine o del pagamento. Visto che la consegna degli F-35 avverrà nel corso dei prossimi dieci anni, una revisione di questo programma avrebbe effetti piuttosto ritardati sulla spesa pubblica.

Che altri margini ci sono per ridurre la spesa militare? C'è un numero di altre riforme che potrebbero essere introdotte facilmente, in alcuni casi anche con risparmi non trascurabili. Tra queste:

- la riforma dei tribunali militari: abolirli completamente non si può (sono previsti dall'articolo 103 della Costituzione), ma non fanno quasi nulla e il loro numero potrebbe essere ulteriormente ridotto (attualmente sono tre; erano nove prima della riforma del 2007);
- la riforma della sanità militare, in parte prevista dalla legge 244 del 2012, ma non ancora attuata;
- la riforma della struttura degli stipendi (e il riordino delle carriere) dei dipendenti della Difesa, che è particolarmente complessa. Misure di risparmio sulle spese di personale ammontanti a circa 10 milioni sono state previste nella Legge di stabilità per il 2015. Ma si potrebbe andare oltre. Per esempio, Roberto Giachetti, vicepresidente della Camera, ha presentato a maggio 2014 in una conferenza stampa proposte che porterebbero a risparmi di alcune decine di milioni. La principale è l'eliminazione della cosiddetta "ausiliaria", l'indennità corrisposta a chi, raggiunto il limite di età per il pensionamento, resta a disposizione dell'amministrazione[2];
- la creazione di servizi interforze per alcune attività che sono ora presenti in ogni forza armata, come è avvenuto nel Regno Unito con la formazione, nel 2013, del Joint Forces Command per i servizi medici, quelli di formazione e di intelligence e le cyber operation;
- la riforma di vari benefici di cui godono i dipendenti del ministero della Difesa: si parla spesso delle strutture per le vacanze, in effetti si tratta di strutture concesse a prezzi davvero bassi ai dipendenti della Difesa.

Non posso non accennare alle caserme, la cui vendita viene spesso citata dai media come fonte di notevoli risparmi. Occorre prima di tutto sottolineare che ogni risorsa proveniente dalla vendita sarebbe una tantum, quindi non una riduzione permanente della spesa ma un'entrata temporanea. Si tratta, in sostanza, di operazioni di privatizzazione che non rientrano propriamente nel perimetro della Revisione della spesa. Recuperare risorse da questa fonte è comunque importante. Il problema principale sembra essere che le caserme rese disponibili al Demanio dal ministero della Difesa non sono poi così tanto facili da vendere, richiedendo spesso fra l'altro costi di bonifica elevati. Bisogna verificare se esistono, come molti pensano, caserme più facilmente vendibili, che ancora non sono state messe a disposizione.

Un passo avanti sulla strada della privatizzazione dei beni del ministero della Difesa è stato invece fatto per gli immobili abitativi. La Legge di stabilità per il 2015 prevede l'incasso di circa 200 milioni (sempre una tantum) dalla vendita di abitazioni di proprietà del ministero della Difesa. Si tratta con ogni probabilità di case attualmente affittate ai dipendenti del ministero stesso. Ovviamente occorrerà assicurare che il meccanismo di vendita consenta un incasso effettivamente pari al valore di mercato degli immobili stessi.

Voglio concludere questo capitolo con una piccola voce di spesa che coinvolge le forze armate, il programma Strade sicure. Questo programma costava circa 60 milioni l'anno, è stato ridimensionato nella Legge di stabilità per il 2015, accogliendo una proposta della Revisione della spesa. In cosa consiste? È stato introdotto in via sperimentale nel 2008 e consente ai prefetti di utilizzare le forze armate per funzioni di vigilanza e pattugliamento. Ora, il numero degli appartenenti alle forze di polizia è già molto elevato (vedi capitolo 5). Inoltre il programma non sembra particolarmente mirato. Roma è piena di camionette dell'esercito (con la scritta "Strade sicure" e due militari per macchina) che sostano davanti ad ambasciate e altri centri ritenuti a rischio. Tutto il giorno, sette giorni alla settimana. La Legge di stabilità riduce il finanziamento a una decina di milioni, concentrando la spesa nella cosiddetta Terra dei Fuochi. Ma è stato di recente annunciato che il programma continuerà, anche se non è chiaro se ci vorranno nuovi stanziamenti o se il costo sarà assorbito nel bilancio del ministero dell'Interno o in quello della Difesa. Spero che non siano necessari nuovi stanziamenti, anche perché non vedo come far stazionare camionette dell'esercito davanti a certi portoni nel centro di Roma (anche assumendo che questo sia utile) debba comportare costi addizionali.

5.
Il complicato mosaico della pubblica amministrazione

Dicono che noi italiani tendiamo a essere individualisti, a dividerci più che a unirci. Effettivamente, guardando la struttura della nostra pubblica amministrazione, viene da pensare che qualche difficoltà di aggregazione esista davvero. Che cosa ci dice l'Istat? I dati, non aggiornatissimi, ci dicono che al 2012 esistevano in Italia circa 10.200 pubbliche amministrazioni. Il grosso erano comuni (quasi 8100). Senza comuni, unioni di comuni (quasi 400) e comunità montane (circa 250), le pubbliche amministrazioni scendono a meno di 1500, fra l'altro in calo di circa il 15 per cento rispetto al picco raggiunto nel 2009. Qualche progresso c'è stato.

Purtroppo, questi dati sottovalutano la frammentazione della pubblica amministrazione, perché non tengono conto del fatto che ogni "amministrazione" è a sua volta suddivisa in tante parti. Un ministero, per esempio, rientra nelle statistiche dell'Istat come una singola entità. Ma se prendiamo, per dire, il ministero dell'Economia e delle finanze vediamo che è presente, con le proprie diramazioni, su tutto il territorio nazionale. Lo stesso vale per altri ministeri. Durante il lavoro di Revisione della spesa abbiamo acquisito una stima preliminare, fatta dal dipartimento della Funzione pubblica della presidenza del Consiglio, del numero di sedi territoriali dei ministeri. A fine 2012 erano circa 5700, cui si devono aggiungere quasi 3900 sedi di enti vigilati dai ministeri, per un totale di oltre 9600 sedi (e questa cifra non include le stazioni di polizia e dei carabinieri, che ammontano a diverse migliaia). Dal 2012 il numero si è probabilmente ridotto, ma non di tanto, in assenza di una riforma della struttura territoriale dello stato. Ognuna di queste sedi occupa un edificio (o parte di esso), con relative spese di riscaldamento, illuminazione, pulizia eccetera, e richiede un minimo di personale. E tutto questo costa.

Questo capitolo tratta di alcuni temi che riguardano la complessa organizzazione delle pubbliche amministrazioni, focalizzandosi soprattutto su quella centrale (e relative diramazioni territoriali). Ulteriori aspetti della frammentazione dell'organizzazione pubblica saranno trattati in altri capitoli, in particolare i prossimi due, che si occupano rispettivamente dei comuni e delle partecipate degli enti locali.

L'antiquata struttura territoriale dello stato

Lo stato non può essere presente solo a Roma, deve esserlo anche sul territorio. Ma quanto capillare deve essere questa presenza? La risposta non è ovvia, ma è difficile credere che la maggior velocità delle comunicazioni e la digitalizzazione dei processi non abbiano ridotto notevolmente l'esigenza per lo stato di avere tanti uffici sul territorio rispetto a quanti ne aveva cinquanta o sessant'anni fa.

Al momento, la presenza territoriale dello stato è fondamentalmente basata sul modello delle province. I vari ministeri sono presenti in tutte le province, o quasi. Spesso con più di una sede. Facciamo qualche esempio.

Attualmente, in Italia ci sono 110 province (e 117 capoluoghi, perché per qualche provincia ce n'è più di uno).[1] I ministeri, e talvolta i loro vari dipartimenti, hanno in genere un centinaio di sedi territoriali, più o meno corrispondenti al numero delle province. Prendiamo il ministero dell'Economia e delle finanze. Ci sono 103 commissioni tributarie provinciali, 102 comandi provinciali della Guardia di finanza, 97 uffici provinciali del territorio dell'Agenzia delle entrate e 93 ragionerie territoriali dello stato (erano 103 fino al 2014; 10 sono state per fortuna chiuse di recente per iniziativa del ragioniere generale Daniele Franco. Con un po' di iniziativa qualche progresso si può fare). L'Agenzia delle dogane ha "solo" 83 uffici. Il ministero del Lavoro ne ha 109 tra direzioni regionali e provinciali. Il ministero della Giustizia ha tribunali e procure in tutte le province (e, come si sa, anche in località che non sono capoluoghi di provincia, nonostante la recente soppressione dei "tribunalini") e 109 archivi notarili distrettuali e sussidiari. Il ministero dell'Istruzione, università e ricerca ha 104 uffici scolastici provinciali e il Consiglio nazionale delle ricerche, da questo vigilato, ha 108 sedi. Il ministero dell'Interno ha 106 prefetture (o uffici territoriali del governo) e 103 questure. Il Corpo forestale (parte del ministero dell'Agricoltura) ha 98 comandi regionali e provinciali. Il ministero dei Beni culturali ha 120 soprintendenze archivistiche e archivi di stato. Il ministero dello Sviluppo economico ha poche sedi territoriali ma vigila sulle camere di commercio, che hanno 105 sedi (con 103 camere di conciliazione).

A tutto questo si aggiungono, in molti casi, sedi regionali per ognuna delle venti regioni: per esempio il ministero dell'Economia e delle finanze ha 21 commissioni tributarie regionali (il Trentino-Alto Adige ne ha due), 21 direzioni regionali delle entrate e 20 comandi regionali della Guardia di finanza (con 21 reparti di supporto tecnico, logistico e amministrativo). Non mi dilungo. Ormai avrete capito il meccanismo.

Non c'è nessun motivo per cui, per ogni ministero, la presenza territoriale ottimale debba essere necessariamente a livello provinciale, come lo era quando l'Italia divenne una repubblica (e anche precedentemente), anche tenendo conto che ormai i contatti telematici con la pubblica amministrazione dovrebbero diventare sempre più frequenti. Rivedendo la presenza territoriale dello stato si possono risparmiare importi rilevanti, anche se stimabili solo sulla base di un dettagliato piano di ristrutturazione.

L'inefficienza delle diverse strutture territoriali dello stato

Esiste anche un secondo problema. Le varie diramazioni territoriali di uno stesso ministero non sono tutte ugualmente efficienti e, come in altri casi, in generale quelle del Nord lo sono di più. La Revisione della spesa ha ripreso precedenti lavori che individuavano le aree di inefficienza, per esempio diverse prefetture. La tecnica utilizzata è fondamentalmente quella dei "costi standard", che verrà discussa con maggior dettaglio nel capitolo seguente sulle spese dei comuni. In cosa consiste? Si prendono per esempio tutte le prefetture, si guarda quanto costano, si cerca, attraverso tecniche statistiche ed econometriche, di spiegare le differenze di spesa che possono essere dovute a fattori oggettivi (per esempio, la dimensione e le caratteristiche del territorio coperto dalla prefettura). Quelle non spiegabili sono considerate dovute a inefficienze. Analisi di questo genere sono state condotte, fra gli altri, dal professor Giarda e dalla Ragioneria generale dello stato per valutare i risparmi ottenibili eliminando le inefficienze. Questi calcoli sono stati aggiornati durante la Revisione della spesa tenendo conto delle riduzioni di spesa già effettuate rispetto alla data cui l'analisi statistica si riferiva, arrivando quindi a una stima aggiornata dei risparmi ancora possibili. Nel caso delle prefetture questi calcoli davano un risparmio di un centinaio di milioni, su un costo complessivo, nel 2014, di circa 500 milioni, un risparmio del 20 per cento che potrebbe essere ottenuto semplicemente rendendo più efficienti le prefetture che spendono troppo. Secondo il rapporto Giarda, a parità di tutti gli altri elementi, "le prefetture nelle regioni del Centro-Sud costano mediamente circa 3,18 euro per abitante in più di quanto non costino nelle regioni del Centro-Nord". Simili calcoli portano a una stima di possibili risparmi di circa 300 milioni per i Vigili del fuoco, rispetto a una spesa complessiva di circa 1800 milioni (il 17 per cento circa). Naturalmente, questi risparmi includono quelli derivanti da possibili riduzioni del personale, che sono più difficili, anche se non impossibili (vedi capitolo 8).

L'azione di riforma

La necessità di rivedere la presenza territoriale dello stato – e, nel processo, di eliminare le inefficienze nella gestione delle varie strutture locali – è diventata anche più ovvia dopo la decisione di "svuotare" (e, alla fine del processo di revisione costituzionale in corso, di eliminare) le province. Infatti, la legge di riforma delle province (la cosiddetta "legge Delrio", la legge n. 56 del 7 aprile 2014) includeva al comma 147 un'importante prescrizione:

> Il livello provinciale e delle città metropolitane non costituisce ambito territoriale obbligatorio o di necessaria corrispondenza per l'organizzazione periferica delle pubbliche amministrazioni. Conseguentemente le pubbliche amministrazioni riorganizzano la propria rete periferica individuando ambiti territoriali ottimali di esercizio delle funzioni non obbligatoriamente corrispondenti al livello provinciale o della città metropolitana. La riorganizzazione avviene secondo piani adottati dalle pubbliche amministrazioni entro sei mesi dalla data di entrata in vigore della presente legge...

In sostanza: non si può più assumere che una presenza territoriale dello stato a livello provinciale sia necessaria, per cui le pubbliche amministrazioni devono definire piani di riorganizzazione. Non solo. Si indicava anche in modo chiaro la finalità (il risparmio di risorse) della riorganizzazione:

> I piani sono comunicati al ministero dell'Economia e delle finanze, al ministero dell'Interno per il coordinamento della logistica sul territorio, al commissario per la Revisione della spesa e alle Commissioni parlamentari competenti per materia e per i profili finanziari. I piani indicano i risparmi attesi dalla riorganizzazione nel successivo triennio.

Si prevedeva infine che, in assenza di un piano entro la scadenza, il governo nominasse un commissario per la redazione di tale piano. Insomma, entro fine ottobre i piani di riorganizzazione della rete periferica delle pubbliche amministrazioni avrebbero dovuto essere pronti (passando, fra l'altro, per le mani del commissario per la Revisione della spesa, la prima volta che una legge richiedeva una tale comunicazione).

Speravo che questa norma consentisse di operare in tempi relativamente brevi la riorganizzazione a livello territoriale della pubblica amministrazione, compresa la soppressione di sedi con carichi di lavoro modesti, la rimodulazione degli organici in base alle esigenze effettive, l'accorpamento di uffici ministeriali in pochi uffici demaniali e, in linea di principio, la creazione di un unico "ufficio territoriale dello stato", invece di uffici che accogliessero soltanto singoli ministeri, come proposto nelle mie "slide" di Revisione della spesa del marzo 2014.

La strada effettivamente seguita è però stata diversa. La riforma della presenza territoriale dello stato resta nei piani del governo, ma è ora confluita nella più ampia riforma della pubblica amministrazione prevista in un disegno di legge delega inviato in Parlamento il 23 luglio 2014. I motivi di questa scelta non mi sono del tutto chiari ma credo abbia prevalso la tesi secondo la quale il comma sopra citato non costituisce una base legale sufficiente per forzare una revisione complessiva della presenza territoriale dello stato. È forse anche possibile che si sia voluto integrare meglio la riorganizzazione della presenza territoriale dello stato con altri aspetti della riforma della pubblica amministrazione. Sinceramente non lo so.

In ogni caso, l'articolo 7 del disegno di legge delega prevede che il governo emani decreti legislativi (cioè decreti che hanno forza di legge senza dover essere di nuovo approvati dal Parlamento) per "modificare la disciplina degli uffici centrali e di quelli territoriali dei ministeri e degli enti pubblici non economici nazionali, con l'obiettivo di rendere più semplice e leggera l'organizzazione dei pubblici uffici, in conseguenza dei cambiamenti in atto nella società e nelle tecnologie disponibili".[2] Fra le altre cose, si prevede la riduzione degli uffici e del personale impiegato in attività strumentali (ma si specifica che questo viene fatto per "dare più forza alle strutture che forniscono servizi diretti ai cittadini", il che farebbe pensare che si tratti di una riallocazione del personale, non di una sua riduzione), la riduzione del numero delle prefetture e la loro trasformazione in uffici territoriali dello stato.

Uno svantaggio di questo percorso è la sua durata. La legge delega deve prima essere approvata dal Parlamento (sono ormai passati diversi mesi dalla sua presentazione), dopo di che il governo ha dodici mesi per emanare i necessari decreti legislativi (che pure richiederanno un certo lasso di tempo per la loro effettiva implementazione). Detto ciò, il limite di dodici mesi per la presentazione dei decreti legislativi è, appunto, un limite. Niente impedisce al governo di muoversi più rapidamente.

In conclusione, ci si sta muovendo nella direzione giusta, anche se con tempi un po' più lunghi di quelli che avevo sperato e con contenuti ancora in buona parte da definire.

E le regioni?

Una breve digressione relativa alla presenza territoriale delle regioni. Questo tema è stato solo parzialmente sviluppato nella Revisione della spesa. Se ne doveva occupare un gruppo di lavoro coordinato dalle regioni nel corso dell'estate 2014 ma i lavori non sono stati terminati. Anche le regioni dovrebbero comunque rivedere la propria presenza sul territorio nazionale ed estero. Di norma, ogni regione ha una sede in ogni provincia. Anche in questo caso, si dovrebbe valutare se questo sia ancora necessario. Questa, e non tanto la presenza all'estero su cui si è concentrata l'attenzione dell'opinione pubblica, potrebbe costituire la principale fonte di risparmio.

All'estero, infatti, le vere e proprie sedi sono poche. La Regione Puglia ne mantiene una a Tirana; poi ci sono le sedi a Bruxelles, che hanno destato tanto clamore e che quasi certamente sono ridondanti o troppo costose. Non si tratta di cifre enormi, però. Molte regioni poi agiscono all'estero attraverso le reti delle camere di commercio, quindi senza una sede vera e propria. Ma anche senza una sede, il servizio pagato alle camere di commercio rappresenta un costo e sarebbe da verificare se una presenza, seppure indiretta, delle regioni all'estero sia davvero necessaria: non potrebbero agire tramite le ambasciate?

In ogni caso, la questione principale riguarda la presenza sul territorio nazionale delle regioni: quel lavoro di riorganizzazione previsto dall'articolo 7 della legge delega dovrebbe essere intrapreso anche relativamente alla presenza delle regioni nelle varie province della stessa regione.

Ma non sono troppe cinque (più due) forze di polizia?

L'articolo 7 della legge delega sulla riforma della pubblica amministrazione prevede anche la razionalizzazione delle forze di polizia. Si tratta di un'iniziativa importante, coerente con le proposte della Revisione della spesa, almeno nelle sue linee generali.

Esistono in Italia cinque corpi di pubblica sicurezza: la Polizia di stato, i Carabinieri, la Polizia penitenziaria, la Guardia di finanza e il Corpo forestale. Ognuna dipende da un ministero diverso, nell'ordine: il ministero dell'Interno, il ministero della Difesa, il ministero della Giustizia, il ministero dell'Economia e delle finanze e il ministero dell'Agricoltura. A ben vedere, ci sarebbero anche la Polizia municipale e quella provinciale, trascuriamole. Guardiamo a quelle dello stato.[3]

Questi cinque corpi occupano circa 320.000 persone, il che pone l'Italia tra i più alti livelli in Europa come rapporto tra unità di polizia e popolazione. L'Eurostat (che pure non include tutti e cinque i corpi nel calcolo) pone l'Italia all'ottavo posto su 34 paesi europei, preceduta solo da Cipro, Macedonia, Turchia, Spagna, Croazia, Grecia e Serbia (saremmo al sesto posto se la Jugoslavia non si fosse divisa!). La spesa complessiva prevista per il 2014 è di circa 21 miliardi.

Sembra ovvio che cinque corpi di polizia siano troppi. Ma è un tema delicato. Sono stato accusato di aver voluto cancellare tradizioni secolari quando ho sostenuto che era necessaria una razionalizzazione ("Non si possono cancellare duecento anni di storia dei Carabinieri"), o di non capire le esigenze richieste da attività specializzate come quelle svolte dal Corpo forestale. Eppure chi non si è imbattuto in stazioni di polizia e dei carabinieri contigue o in località, anche di dimensioni relativamente contenute, in cui, con l'eccezione forse della sola Polizia penitenziaria, tutti gli altri corpi erano presenti? Non si tratta di fondere Polizia e Carabinieri: in vari altri paesi la coesistenza di due polizie generaliste (cioè che potenzialmente si occupano di ogni tipo di crimine) è considerata una garanzia per la democrazia. Certamente, però, ci sarebbero spazi per un efficientamento, se solo si riuscisse a evitare polemiche pretestuose.

Come ho spiegato nel corso di un'audizione alla commissione Affari costituzionali della Camera il 25 giugno 2014,[4] l'assetto attuale non è efficiente da diversi punti di vista.

Primo, c'è un problema di coordinamento. A parte quello operativo – esiste un'unità di coordinamento presso il ministero dell'Interno con compiti limitati –, resta il fatto che attività che potrebbero essere centralizzate, come gli acquisti di veicoli, armi e vestiario, sono condotte indipendentemente, riducendo quindi lo spazio per le economie di scala. Persino la centralizzazione di attività di natura puramente burocratica sembra difficile. Per esempio, nel 2014 sono emerse forti resistenze da parte dell'Arma dei carabinieri contro la gestione centralizzata da parte del ministero dell'Economia e delle finanze (che svolge questo ruolo per il resto della pubblica amministrazione) dell'emissione delle buste paga, visto che i Carabinieri vi avevano già investito notevoli risorse informatiche in maniera indipendente.

Secondo, c'è un serio problema di sovrapposizione territoriale, cui ho già accennato. Fra l'altro, la soluzione di questo problema esiste già, per lo meno per quanto riguarda polizia e carabinieri. Si tratta di applicare il cosiddetto principio della "gravitazione", introdotto con una direttiva ministeriale il 12 febbraio 1992 (e ribadito nel 1998), che comporta la prevalenza della polizia nei capoluoghi di provincia e dei carabinieri al di fuori delle città. In pratica, il principio è stato applicato solo per la creazione di nuove stazioni dei carabinieri e posti di polizia, ma non si è mai provveduto a una revisione dell'allocazione iniziale.

Terzo, c'è un problema di sovrapposizione funzionale, per lo meno rispetto ai reparti specializzati dei vari corpi di polizia. A maggior ragione, sussiste la necessità di focalizzare l'attività sui compiti prioritari dei diversi corpi. Per esempio, pur non avendo formalmente reparti antisommossa, di fatto la Guardia di finanza ha unità che svolgono questo compito. È abbastanza comune vedere a Roma unità della Finanza coinvolte nel mantenimento dell'ordine in occasione di manifestazioni pubbliche. Mi sembra un'anomalia.

Anche nel caso dei corpi di pubblica sicurezza c'è poi un problema di efficienza dei singoli corpi, che va oltre la questione del coordinamento, eppure dovrebbe essere affrontato. Come per le prefetture, non tutte le stazioni dei carabinieri, per esempio, sono ugualmente efficienti.

Durante il lavoro di Revisione della spesa si sono rivisitati i lavori del professor Giarda che applicano alla spesa di polizia e carabinieri i princìpi dei costi standard, arrivando alla conclusione che, nel medio periodo, si potrebbero ottenere risparmi di circa un miliardo e mezzo (oltre il 7 per cento), eliminando le inefficienze a parità di servizi forniti. Anche in questo caso i lavori del professor Giarda implicano che i principali risparmi potrebbero emergere nelle regioni del Centro-Sud.

Come ho detto all'inizio del paragrafo, la legge delega si pone giustamente l'obiettivo del riordino dei corpi di polizia. Individua la necessità di evitare sovrapposizioni di competenze e di favorire la gestione unificata di servizi strumentali (quali gli acquisti o l'informatica). Inoltre indica esplicitamente la possibilità di un assorbimento del

Corpo forestale nelle altre forze di polizia, cosa che reputo opportuna (e che è già stata tentata senza successo altre volte). Non cita però esplicitamente la necessità di un coordinamento a livello territoriale, cosa secondo me di grande importanza, e che sarebbe utile aggiungere in sede di approvazione parlamentare della legge delega.

Concludo con un auspicio: che almeno si riesca a unificare in tempi brevi le riviste dei corpi di polizia. Ce ne sono tre mensili: "Il Finanziere", "Il Carabiniere" e "Polizia moderna". La rivista della Forestale (il "Forestale", appunto) è bimestrale ma il corpo ne ha anche una "tecnico-scientifica" ("Silvae"). Ci potrebbe essere un po' di semplificazione, o anche questo sarebbe visto come una violazione di tradizioni centenarie[5]?

Enti pubblici, agenzie, scuole della pubblica amministrazione, autorità indipendenti, camere di commercio...

Di enti pubblici (talvolta chiamati agenzie, istituti, fondi eccetera) ce ne sono tanti e non è facilissimo distinguere quelli utili da quelli inutili. Le loro spese, poi, sono spesso dovute al personale, e dunque più difficili da ridurre. Si noti che il mero accorpamento di questi enti porterebbe a parsimonie modeste (si eliminerebbero i consigli di amministrazione, si risparmierebbe su qualche costo fisso) ma è cessando completamente alcune attività (o passandole ad altre amministrazioni senza un uguale travaso di risorse) che si otterrebbero risparmi più significativi.

Quanti sono gli enti pubblici nazionali? La migliore ricognizione è quella che ho trovato in un documento della Camera dei deputati di fine 2013, appropriatamente denominato "La normativa taglia-enti",[6] che ne elencava 198 (nazionali, poi ci sono quelli degli enti territoriali, che ammontano a qualche centinaio). Ma il numero effettivo resta incerto, tanto che il decreto legge 90 del 2014 (anche questo sulla riforma della pubblica amministrazione), seguendo una proposta emersa da uno dei gruppi di lavoro della Revisione della spesa, ha previsto un censimento degli enti pubblici e di quelli ai quali lo stato contribuisce in via ordinaria, richiedendo alle amministrazioni statali che finanziano o vigilano gli enti stessi non solo di inviare le informazioni sugli enti già esistenti, ma anche di avanzare proposte di razionalizzazione. La scadenza per l'inserimento di dati e proposte era fine dicembre 2014 e le proposte sono ora in via di considerazione da parte del dipartimento della Funzione pubblica della presidenza del Consiglio. Quindi si spera che nei prossimi mesi si possa procedere a uno sfoltimento, anche se le resistenze temo siano molto forti.

La Revisione della spesa elencava esplicitamente alcuni enti/agenzie da sopprimere. C'è stata qualche azione: la soppressione del Cnel (Consiglio nazionale dell'economia e del lavoro) è prevista nella legge di riforma costituzionale del Senato in Parlamento; l'Avcp (l'agenzia per la vigilanza dei contratti pubblici) è stata ora fusa con l'agenzia anticorruzione (l'Anac) con un risparmio del 20 per cento sulle spese di gestione, comprese quelle del personale; il Formez (ente controllato dalla presidenza del Consiglio) è in corso di razionalizzazione (ma a parità di occupazione). Il decreto legge 90 razionalizza le otto autorità indipendenti (come l'autorità Garante della concorrenza e del mercato o l'autorità Garante delle comunicazioni), ora sette dopo la soppressione dell'Avcp, riducendo il trattamento economico accessorio del personale dipendente del 20 per cento, richiedendo la gestione unitaria dei servizi strumentali e la sistemazione di molti di questi in una singola sede comune.[7] L'articolo 21 del decreto legge 90 unifica, nella Scuola nazionale dell'amministrazione, le cinque scuole di formazione della pubblica amministrazione, prevedendo un taglio dei costi del 20 per cento. Tra queste la Scuola superiore dell'economia e delle finanze che, a detta dello stesso ex rettore Pisauro (e sono completamente d'accordo), consentiva "a un gruppo di alti burocrati" di costituirsi "un'assicurazione sulla vita".[8]

Infine, l'articolo 9 del disegno di legge delega sulla riforma della pubblica amministrazione prevede il riordino del sistema delle camere di commercio, compresa la ridefinizione delle circoscrizioni territoriali con riduzione del loro numero e l'eliminazione del diritto annuale a carico delle imprese (già dimezzato con il decreto legge 90 del 2014). Anche in questo caso, il decreto legislativo necessario per attuare la riforma deve essere adottato entro dodici mesi dall'approvazione della legge delega.

In altri casi (la Revisione della spesa citava esplicitamente Enit, Isfol, Aran, Ice, Arcus...) non si è ancora proceduto, ma spero che il sopra citato censimento e la richiesta di razionalizzazione possano costituire l'occasione buona per ulteriori progressi.

L'Aci

Tra i casi più controversi su cui ancora non si è intervenuto c'è l'Aci, uno dei 198 enti pubblici dell'elenco sopra citato. Commentatori molto più bravi di me hanno da tempo segnalato la necessità di una riforma del ruolo dell'Aci.[9] Sarò quindi breve.

L'Aci gestisce il Pubblico registro automobilistico (Pra), che contiene le informazioni relative alla proprietà dei veicoli in circolazione. Per tener aggiornato questo registro, l'Aci riceve un compenso, pagato dagli automobilisti attraverso tariffe per l'immatricolazione o cambiamenti di proprietà di veicoli, per un totale di circa 190 milioni l'anno.

Al tempo stesso, il ministero dei Trasporti, attraverso la Motorizzazione civile, mantiene l'Archivio nazionale dei veicoli (Anv), che registra i dati relativi a ogni veicolo dall'omologazione, immatricolazione fino alla cessazione della circolazione. Il Pra, quindi, contiene un sottoinsieme delle informazioni dell'Anv.

C'è un'evidente sovrapposizione tra i due archivi. Chiariamo però una cosa su cui spesso c'è confusione. Eliminando il Pra, il risparmio non sarebbe di 190 milioni. I dati sulla proprietà del veicolo dovrebbero comunque essere raccolti e inseriti da qualcuno: al momento li raccoglie e inserisce l'Aci e l'Anv viene automaticamente aggiornato insieme al Pra (fortunatamente, le due banche dati sono tra loro collegate).

Tuttavia, i lavori della Revisione della spesa avevano concluso che dal passaggio alla Motorizzazione civile delle responsabilità per l'aggiornamento del Pra si ricaverebbero risparmi di circa 60-80 milioni all'anno, anche al netto dei costi di gestione relativi all'attribuzione di nuove funzioni alla Motorizzazione civile. Questa, anche sfruttando le risorse esistenti non completamente utilizzate e le economie di scala, potrebbe svolgere lo stesso servizio a un costo inferiore, con risparmi che potrebbero riflettersi in un minore onere per gli automobilisti (o essere incamerati dallo stato e contribuire alla riduzione della tassazione sul lavoro). L'Aci a quel punto continuerebbe a svolgere quello che le associazioni di automobilisti fanno in tutto il mondo: fornire servizi di vario genere ai propri membri dietro il pagamento volontario di una quota associativa.

I tentativi di unificare i due registri sono iniziati anni fa. Ci aveva provato Bersani nel 2007. La Legge di stabilità per il 2014 includeva un comma (il 427, quello, fra l'altro, sulla Revisione della spesa), che richiedeva l'adozione attraverso regolamenti di "misure volte all'unificazione, in un unico archivio telematico nazionale, dei dati concernenti la proprietà e le caratteristiche tecniche dei veicoli attualmente inseriti nel pubblico registro automobilistico e nell'archivio nazionale dei veicoli". La scadenza fissata dalla legge era fine febbraio 2014 ma da allora non è ancora successo nulla. Io queste cose non le capisco. Si tratta di una legge della Repubblica italiana che non viene applicata.

Abbiamo cercato di inserire queste misure nel decreto legge 66 di fine aprile 2014, ma alla fine non ci sono entrate (non mi è chiaro chi si è messo di traverso) e, ancora, nella Legge di stabilità per il 2015, anche in questo caso senza successo. Ma non disperiamo perché la legge delega sulla riforma della pubblica amministrazione ora in Parlamento prevede "l'introduzione di un'unica modalità di archiviazione finalizzata al rilascio di un documento unico contenente i dati di proprietà e di circolazione di autoveicoli, motoveicoli e rimorchi da perseguire attraverso il collegamento e l'interoperabilità dei dati detenuti dalle diverse strutture, riorganizzando, anche attraverso eventuale accorpamento, le funzioni svolte dagli uffici del pubblico registro automobilistico e dalla Direzione generale per la motorizzazione del ministero delle Infrastrutture e dei trasporti". Mi preoccupa quell'"eventuale": sarebbe un peccato se si unificassero i documenti (libretto di circolazione, ora emesso dalla Motorizzazione civile, e certificato di proprietà, ora emesso dall'Aci) ma non i processi per emetterli. La scadenza per l'adozione dei decreti legislativi relativi a questo articolo è comunque di diciotto mesi dall'approvazione della legge. Anche qui forse si dovrebbe cercare di accelerare.

La frammentazione delle spese per Ict

Concludo questo capitolo con due sezioni che illustrano alcuni problemi derivanti dalla frammentazione e dall'eccessiva complessità della struttura delle pubbliche amministrazioni italiane.

La prima riguarda i costi della Information and Communication Technology (Ict), insomma i costi per i computer, le reti di trasmissione dati e così via. Premessa: l'ulteriore digitalizzazione della pubblica amministrazione è di estrema importanza. Può portare a risparmi elevati, soprattutto se accompagnata da un'adeguata riorganizzazione del flusso informativo e dalla volontà di utilizzare a pieno le sue potenzialità (anche in termini di risparmi di personale).

Qui però discuto dei costi di gestione dell'Ict e di come questi potrebbero essere ridotti. A quanto ammontano le spese per l'Ict attualmente? Buona domanda. La ricognizione che ho fatto attraverso la Ragioneria generale dello stato, sulla base dei codici utilizzati dalle pubbliche amministrazioni, dà una spesa di circa 3 miliardi per tutta la pubblica amministrazione. Tuttavia, questa è probabilmente una sottostima perché molte amministrazioni attribuiscono codici inappropriati alle spese per l'Ict. Stime campionarie suggeriscono una spesa di 5-6 miliardi. Alcuni stimano che si superino i 10 miliardi. Ovviamente sarebbe utile avere dati più precisi.

Fatto sta che le spese attuali potrebbero essere ridotte se solo la gestione informatica fosse meno frammentata. Al ministero dell'Economia ci sono ancora quattro centri elaborazione dati (Ced) (uno per dipartimento). Nell'intera pubblica amministrazione centrale ce ne sono, sulla base del censimento effettuato nel 2013, una sessantina. Lo stesso censimento ne indica un migliaio per l'intera pubblica amministrazione. Stime fornite a inizio 2014 nel corso della Revisione della spesa dall'Agenzia per l'Italia digitale (Agid) e basate sul Piano triennale di razionalizzazione dei Ced delle amministrazioni pubbliche indicavano la possibilità di ridurli dal migliaio a 60, di cui 10 per l'amministrazione centrale e 50 sul territorio. Il piano prevedeva investimenti di circa 350 milioni annui distribuiti su sette anni, ma i risparmi stimati a regime sarebbero stati di quasi due miliardi l'anno, di cui 600 realizzabili già dopo tre anni.

Si tratta ora di attuare questi piani (o piani alternativi ugualmente validi). Ci sono stati, durante la seconda metà del 2014, diversi cambiamenti nella governance dell'Ict che forse hanno ritardato ulteriori operazioni in quest'area. Il processo di cambiamento è stato completato a settembre 2014 con la nomina di un Digital Champion per l'Italia, come richiesto dall'Unione europea. Il processo di efficientamento dei Ced (e più in generale l'avanzamento dell'agenda digitale) dovrebbe ora ripartire.

Gli immobili

Il ministero del Tesoro inglese è ancora nella sua storica sede di Whitehall. Il suo ammodernamento è stato completato nel 2002. Il miglioramento nella gestione degli spazi ha consentito per la prima volta in cinquant'anni di riportare nello stesso edificio tutti i suoi dipendenti, sparsi in precedenza in diversi edifici. Gli interni sono stati interamente ammodernati e sale open space hanno sostituito gli uffici individuali. Tra i funzionari del ministero, solo il permanent secretary (il numero uno del Tesoro) ha una stanza propria, gli altri lavorano in spazi comuni.

Visitate un qualunque ministero a Roma e fate il confronto. Gli spazi si sprecano, soprattutto per gli alti dirigenti che, almeno in certi ministeri, occupano uffici che avrebbero fatto invidia al Megadirettore galattico di fantozziana memoria. Ma sono edifici vecchi comunque. Gli infissi sarebbero da rimpiazzare, fanno passare aria fredda d'inverno e calda d'estate (come ho sperimentato io stesso nella mia stanza al ministero dell'Economia e delle finanze, in cui servivano due convettori d'aria per tenerla calda). Di conseguenza, le spese di riscaldamento (o di condizionamento d'estate) sono elevatissime. In molti casi i corridoi consentirebbero il passaggio di Tir.

È chiaro che i costi di affitto, riscaldamento, condizionamento, pulizia, illuminazione potrebbero essere enormemente ridotti con un'adeguata ristrutturazione degli edifici. Solo di affitto si spendono circa due miliardi ogni anno, equamente divisi tra amministrazioni centrali e territoriali. Per ridurli, ci vorrebbero un po' di investimenti, ma sarebbero soldi spesi bene. Probabilmente non sarebbe difficile trovare finanziamenti dall'Unione europea, per lo meno per i progetti di efficientamento energetico.

Prendiamo di nuovo ad esempio gli inglesi. Il progetto Hpp (High Performing Property) lanciato nel Regno Unito nel 2006 ha coinvolto 10.000 immobili e 14 milioni di metri quadri, il cui riscaldamento, illuminazione eccetera costava circa 6 miliardi di sterline (7 miliardi e mezzo di euro). A fine 2012, gli immobili occupati si erano ridotti del 45 per cento. I metri quadrati occupati erano scesi del 35 per cento. I costi si erano dimezzati.

Per ottenere questi risultati occorre naturalmente una prospettiva di medio termine e una forte azione di coordinamento. Il decreto legge 66 di fine aprile richiede alle amministrazioni dello stato di presentare entro metà 2015 "un nuovo piano di razionalizzazione nazionale per assicurare [...] un complessivo efficientamento della presenza territoriale, attraverso l'utilizzo degli immobili pubblici disponibili [...] in modo da garantire per ciascuna amministrazione, dal 2016, una riduzione, con riferimento ai valori registrati nel 2014, non inferiore al 50 per cento in termini di spesa per locazioni passive e non inferiore al 30 per cento in termini di spazi utilizzati negli immobili di stato". Ma occorre una regia centralizzata. Nella seconda parte del 2014 l'Agenzia del demanio ha lanciato il programma Rep (Rigenerazione edifici pubblici) sulla falsariga dell'Hpp. Il cambiamento a settembre 2014 del management dell'Agenzia potrebbe portare a una revisione del progetto, ma gli obiettivi devono rimanere ambiziosi. Ce n'è da risparmiare.

Naturalmente, l'ammodernamento degli edifici pubblici deve essere strettamente coordinato con la revisione della presenza territoriale dello stato di cui si è parlato nella prima parte di questo capitolo. In questa direzione si muove il progetto pilota fatto partire a Chieti il 3 novembre 2014 con un accordo che porterà le forze dell'ordine, l'Agenzia delle entrate, biblioteche e altri soggetti statali a condividere un'unica sede. È un importante esempio di quello che si può fare.

Una postilla: anche senza ristrutturazioni qualche risparmio non trascurabile si potrebbe ottenere con un po' più di buona volontà e attenzione per le risorse pubbliche. A metà aprile 2014, in una bella giornata romana di sole, mi sono recato per una riunione al ministero dell'Agricoltura. Ho trovato termosifoni ancora accesi e, per evitare il caldo eccessivo, finestre aperte per far entrare un po' d'aria. Mi hanno assicurato che erano gli ultimi giorni di accensione...

6.
Le spese dei comuni: quanto serve davvero agli 8000 campanili d'Italia?

Ha ragione Fassino, il sindaco di Torino e presidente dell'associazione dei comuni (l'Anci), quando dice che non sono certo i comuni italiani i responsabili dell'alto debito pubblico italiano. I vincoli posti sulle finanze locali (primi fra tutti il cosiddetto Patto di stabilità interno) sono tali per cui, con qualche eccezione, i comuni hanno dovuto essere, volenti o nolenti, relativamente virtuosi con le proprie finanze. Forse lo sarebbero stati lo stesso, ma i vincoli li hanno obbligati. L'eccezione parziale è costituita dalla gestione delle loro società partecipate, meno soggette ai vincoli, ma di questo parleremo nel capitolo seguente.

La spesa primaria dei comuni è di circa 60 miliardi, meno di un decimo della spesa primaria totale. Il loro debito è minore del 3 per cento del debito pubblico. Tutto a posto, quindi? Non proprio.

Primo, esistono comunque margini di risparmio anche in questo settore. Il contributo dato dai comuni alla riduzione della spesa pubblica tra il 2009 e il 2013 è stato più o meno in linea con quello fornito dalle amministrazioni centrali (escluso il settore pensioni), come si è visto nel capitolo 1. Non hanno quindi contribuito più degli altri, come talvolta ha sostenuto l'Anci (e qui Fassino ha torto). Fra l'altro, ne escono piuttosto bene dalla Legge di stabilità per il 2015, che invece è stata più pesante per le regioni e, soprattutto, per le province. Ci sono spazi, come vedremo, per ulteriori risparmi.[1]

Secondo, il grado di efficienza dei comuni è molto diverso sul territorio nazionale ma le risorse distribuite ai comuni per integrare quelle derivanti dalle tasse locali non riflettono i fabbisogni effettivi e la relativa efficienza. Riflettono criteri storici: si danno soldi sia a chi è efficiente, sia a chi non è efficiente, solo perché in passato si è sempre fatto così.

In questo capitolo racconterò come si possono superare questi problemi (e si sta cercando di farlo) con l'introduzione di trasferimenti basati sui cosiddetti fabbisogni e capacità fiscali standard, con l'aumento della trasparenza sulla spesa dei comuni, e, in prospettiva, anche se non immediatamente, con la determinazione dei trasferimenti in base non ai trasferimenti storici (né di quelli standard), ma a quanto sarebbe sufficiente se tutti i comuni fossero efficienti. È un'area di cui mi sono occupato da vicino durante il 2014 e con qualche risultato positivo. Il capitolo si conclude con un approfondimento su una particolare spesa dei comuni, quella per l'illuminazione pubblica, di cui pure mi sono occupato da vicino, anche se con minore successo.

Cosa sono i fabbisogni standard?

I comuni integrano le proprie risorse, che derivano dalle tasse locali, principalmente con trasferimenti che ricevono da altri enti (tra cui i circa 6-7 miliardi del Fondo di solidarietà comunale, alias Fondo sperimentale di riequilibrio, cui loro stessi contribuiscono in buona parte). Questi trasferimenti riflettono, come ho detto, quanto i comuni stessi hanno tradizionalmente ricevuto, non ciò di cui effettivamente ognuno di essi avrebbe ora bisogno. Sono cioè basati sulla spesa "storica".

Alcuni anni fa è stato lanciato un progetto molto importante per correggere questa situazione. Si è trattato di un'iniziativa attuata nell'ambito del passaggio al federalismo fiscale e basata sul decreto legislativo 216 del 2010 che aveva lo scopo proprio di superare il criterio della spesa storica nella distribuzione di finanziamenti ai comuni. Per far questo si è cercato di calcolare di quanto un comune con certe caratteristiche avesse effettivamente bisogno, quale fosse cioè lo standard appropriato. Non era una cosa facile. Ci sono tantissime cose che possono influenzare la spesa standard di un comune. Ovviamente dipende dal numero degli abitanti, ma anche dalla composizione sociale degli abitanti, dalla loro età, dalla conformazione del territorio (se si tratta di un comune in montagna o in pianura per esempio) e così via. Le informazioni richieste sono state raccolte attraverso un questionario comprendente migliaia di domande. La metodologia di calcolo dei fabbisogni standard è stata poi definita a livello tecnico da un'apposita commissione che comprende anche i rappresentanti dei comuni e formalizzata attraverso un complicato processo (fra l'altro descritto nel capitolo 14 come esempio di eccessiva complessità nei processi politico-amministrativi) che è terminato solo a marzo 2015.

Non posso descrivervi in dettaglio le caratteristiche di questa metodologia – mi ci vorrebbe un intero libro, o quasi – ma l'idea fondamentale è quella di calcolare, attraverso tecniche statistiche appropriate, qual è la spesa media dei comuni con le stesse caratteristiche. La Sose, la società partecipata del ministero dell'Economia e delle finanze responsabile per la metodologia, ha pubblicato alcuni documenti che descrivono questa metodologia in dettaglio.[2] Fra l'altro i calcoli sono stati effettuati per sei distinte "funzioni fondamentali" dei comuni (la polizia locale, le funzioni di amministrazione generale, l'istruzione pubblica, la viabilità e i trasporti, la gestione del territorio e dell'ambiente, le funzioni del settore sociale). Queste funzioni non comprendono l'intera spesa dei comuni ma ne rappresentano comunque una parte rilevante (oltre la metà).

I risultati di questo lavoro sono stati pubblicati a fine 2014 e sono disponibili a tutti sul sito Opencivitas, in cui, con il massimo grado di dettaglio (comprese le risposte ai questionari originali), si indicano per ogni comune (e funzione) la spesa storica e la spesa "standard", quella cioè che ogni comune dovrebbe avere sulla base delle proprie caratteristiche.[3]

Prima di illustrarvi i risultati di questo confronto tra spesa storica e spesa standard (per grandi linee e focalizzandoci sulle medie regionali piuttosto che sui singoli comuni) occorre fare alcune precisazioni:

- la principale è che la differenza tra la spesa storica e quella standard non è necessariamente un indicatore di efficienza. Il motivo è che la spesa storica di certi comuni può essere alta non per effetto di sprechi ma perché alcuni di questi comuni offrono servizi pubblici migliori in termini di quantità o di qualità. Anche se così fosse, calcolare i trasferimenti sulla base dei fabbisogni standard sarebbe comunque appropriato perché questo consentirebbe a tutti i comuni di offrire almeno servizi standard. Se poi qualche comune vuole spendere di più per fornire servizi superiori allo standard, lo deve fare con i propri soldi, cioè attraverso una maggiore tassazione locale, non con i soldi degli altri;
- una seconda precisazione riguarda la data di rilevazione delle informazioni al momento disponibili nella banca dati Opencivitas su fabbisogni standard e spese storiche. Le informazioni finora disponibili sono "vecchie", risalgono al 2010. I questionari sono in corso di aggiornamento e i nuovi dati sul 2013 dovrebbero essere disponibili tra qualche mese. Anche così però le informazioni fornite risultano utili. In assenza di cambiamenti nei criteri di allocazione dei trasferimenti (che fino al 2014 hanno continuato a essere basati sulla spesa storica), è probabile che le classifiche relative di spesa non siano molto cambiate;
- terza precisazione: il calcolo dei fabbisogni standard è stato fatto solo per i comuni delle regioni a statuto ordinario. Anche in questo caso, le regioni a statuto speciale hanno avuto, appunto, un trattamento speciale, essendo rimaste al di fuori dell'intero processo.

Chi ci guadagnerebbe se i trasferimenti ai comuni fossero basati sui fabbisogni standard, piuttosto che sulla spesa storica? In media, i comuni di quasi tutte le regioni del Nord a statuto ordinario (Lombardia, Emilia-Romagna e, soprattutto, Piemonte e Veneto) ci guadagnerebbero: le ultime due hanno una spesa di circa il 7 e mezzo per cento inferiore a quella standard. Il che vuol dire che i comuni di queste regioni sono più efficienti o che offrono servizi di qualità inferiore alla media (ma questa seconda ipotesi sembra meno probabile). Tra le regioni del Sud, i comuni della Calabria ci guadagnerebbero molto (quasi il 10 per cento in media), mentre quelli della Basilicata sarebbero tra i maggiori perdenti (la loro spesa eccede lo standard di oltre il 7 e mezzo per cento in media), mentre per Puglia e Campania le perdite sarebbero contenute (intorno al 2-3 per cento). I comuni del centro non sono messi bene avendo (con l'eccezione di Molise e Marche) spese al di sopra dello standard, con punte particolarmente alte per Abruzzo (oltre il 12 per cento di eccesso) e Lazio (oltre il 6 e mezzo per cento). Anche i comuni toscani ci perderebbero parecchio (oltre il 5 per cento).

Capite che passare a una distribuzione delle risorse basata sui fabbisogni standard comporterebbe una forte redistribuzione delle risorse. Forse per questo, l'Anci è stata, a dir poco, molto prudente nel sostenere il processo di calcolo dei fabbisogni standard, ma alla fine il percorso è stato terminato.

La Legge di stabilità per il 2015 prevede, infatti, che il 20 per cento dei fondi ai comuni siano distribuiti sulla base dei fabbisogni standard. È una percentuale piccola ma è un inizio. Si spera si continui su questa strada.

Un'ultima precisazione: il nuovo approccio alla determinazione dei trasferimenti ai comuni tiene anche conto di un elemento di solidarietà. Si considera, in particolare, che i comuni non hanno tutti la stessa capacità di tassare i propri cittadini. Anch'essa dipende dalle caratteristiche di ogni comune, compreso il reddito pro capite dei cittadini. Sono state quindi anche calcolate le cosiddette capacità fiscali standard, e i trasferimenti previsti per il 2015 saranno (in parte, come si è detto) guidati dalla differenza tra fabbisogni standard e capacità fiscali standard.

Va bene ridistribuire, ma quanto si può risparmiare?

Il lavoro sui fabbisogni (e sulle capacità fiscali) standard è volto a raggiungere una migliore distribuzione delle risorse tra i comuni, spostandole da chi è meno efficiente o vuole fornire servizi superiori allo standard a chi non ne ha abbastanza. L'obiettivo non è un risparmio complessivo. Ma nel corso del lavoro sulla Revisione della spesa ci siamo anche posti la domanda: quanto sarebbe possibile risparmiare se i comuni fossero tutti efficienti come i più efficienti dei comuni? Qui si tratta di individuare l'importo degli sprechi e non semplicemente delle spese che sono al di sopra della media ma che potrebbero essere dovute a servizi di qualità più elevata. Il lavoro è più complicato ma il gruppo di lavoro che se ne è occupato lo ha condotto utilizzando le tecniche delle cosiddette "frontiere di efficienza". Questo lavoro ha portato a concludere che esistevano margini di inefficienza superiori al 10 per cento nel 2010 (almeno per la parte di spesa coperta, pari anche in questo caso a circa la metà della spesa complessiva).

Che cosa comporta questo per le future possibilità di risparmio sulla spesa dei comuni? Dal 2010 sono successe diverse cose: la spesa dei comuni è scesa in termini nominali ed è stata erosa dall'inflazione in termini di potere d'acquisto. D'altro canto, è ragionevole pensare che un margine di efficientamento fisiologico debba essere atteso ogni anno (spostando quindi anche la frontiera dell'efficienza, cioè la spesa dei comuni più virtuosi). Tenendo conto di tutti questi fattori sono arrivato alla conclusione che gli "sprechi" rimanenti al 2014 nella spesa dei comuni potrebbero essere quantificati in almeno 4 miliardi (o il 7 per cento della spesa effettiva). Ovviamente, i corrispondenti tagli dovrebbero appunto ricadere sui comuni che sprecano, quelli individuati come meno efficienti sulla base della metodologia illustrata.

Ci sono quindi ancora dei margini non irrilevanti. Si noti che la cifra di 4 miliardi si riferisce puramente a quello che potrebbe essere risparmiato a parità di servizi. Ma occorrerebbe anche considerare se i servizi forniti (una volta efficientati) valgano davvero il costo derivante dalla tassazione del contribuente necessaria per finanziare la spesa, o se, invece, non si dovrebbe ridurre la spesa ulteriormente per consentire una maggiore riduzione delle tasse.

Un'ultima considerazione riguarda l'allocazione dei risparmi. Il documento di Revisione della spesa del marzo 2014 sosteneva che lasciare sul territorio le risorse derivanti dai risparmi dei comuni (e degli altri enti territoriali) avrebbe facilitato il raggiungimento di obiettivi di risparmio. Naturalmente, se un comune riceveva "troppo", sulla base del proprio fabbisogno e della propria capacità fiscale standard, i risparmi di spesa non avrebbero dovuto essere lasciati a quel comune, bensì riallocati a chi storicamente aveva ricevuto troppo poco. Ma al di là di questa riallocazione sarebbe stato appropriato se i risparmi locali fossero utilizzati per ridurre la tassazione locale (le varie addizionali, in particolare, che gravano sul costo del lavoro) o per spese davvero prioritarie (anche rispetto alla necessità di ridurre la tassazione sul lavoro). Credo sia un'idea che valga la pena considerare.

Prima di tutto la trasparenza

Il presidente del Consiglio Renzi ha più volte notato che "la vera spending review si fa con la trasparenza".[4] Naturalmente, sono d'accordo. Non posso non esserlo anche perché al Fondo monetario internazionale il mio dipartimento era responsabile per il manuale sulla trasparenza dei conti pubblici e per la fissazione di standard internazionali di trasparenza della finanza pubblica. Trasparenza nelle spese pubbliche vuol dire consentire ai cittadini di individuare le anomalie della spesa pubblica e porre pressione sugli amministratori pubblici per evitare gli sprechi a livello sia centrale sia territoriale.

Il tema è particolarmente importante per i comuni, visto che la cittadinanza vede più da vicino gli effetti della buona e della cattiva spesa. Diverse iniziative sono state prese in questa direzione nel corso del 2014. Un passo fondamentale è stato l'apertura al pubblico della banca dati Siope (il sistema informativo della spesa pubblica), che contiene tutti i dati dettagliati della spesa pubblica delle amministrazioni locali (e di qualcuna centrale), con un aggiornamento quasi in tempo reale. Volete sapere quanto ha speso, per esempio, il Comune di Perugia per consulenze dall'inizio del 2015? Lo trovare sul Siope (http://www.siope.it). L'apertura al pubblico del Siope era stata richiesta da anni anche dagli stessi amministratori locali ed è stata finalmente realizzata il 16 giugno 2014 (attenzione: non cercate di accedere dopo le 18 perché a quell'ora la banca dati chiude – stranamente ma è così – per essere aggiornata). A novembre 2014 è stata aperta al pubblico la banca dati dei fabbisogni standard dei comuni (Opencivitas), già citata. Gli osservatori della finanza pubblica italiana hanno così iniziato a utilizzare questi dati per commentare le inefficienze di certi comuni. Per esempio, Sergio Rizzo sul "Corriere della Sera" del 3 gennaio 2015, nel commentare l'assenteismo dei vigili urbani romani la notte di Capodanno, utilizzava dati che provengono dalla banca Opencivitas:

> Mentre Roma spendeva per gli stipendi dei vigili il 14,5 per cento più del "fabbisogno standard", Milano risparmiava il 38,3 per cento. Con 154 multe mediamente a testa fatte a Roma contro le 370 di Milano. E le 27.990 sanzioni di altro genere elevate dai seimila vigili romani contro le 79.870 dei poco più di tremila loro colleghi milanesi.

Il decreto legge 66 di fine aprile 2014 (all'articolo 8) stabiliva la creazione di un sito dove le spese dei comuni – in realtà di tutte le pubbliche amministrazioni – sarebbero state inserite sulla base di schemi uniformi che ne consentissero un facile confronto. Si segnala infine l'apertura in maggio 2014 del sito http://www.openbilanci.it/ che contiene i bilanci di tutti i comuni italiani per gli ultimi dieci anni.

Come risparmiare sui costi dell'illuminazione pubblica SENZA SPEGNERE LE LUCI DELLE STRADE DOVE CIRCOLANO I CITTADINI

Scusate il lungo titolo e i caratteri maiuscoli (avrei usato caratteri cubitali se fosse stato possibile) ma non posso correre il rischio che le proposte della Revisione della spesa in quest'area siano di nuovo mal interpretate.

Travisare le proposte sull'efficientamento dell'illuminazione pubblica è molto facile: "Meno luce vuol dire strade più buie. Strade più buie vuol dire maggior rischio per chi rientra a casa la sera e quindi più crimine. Ma vogliamo scherzare?".

Calma e sangue freddo. Andiamo con ordine partendo, come sempre, dai fatti. I comuni spendono per elettricità 1 miliardo e 800 milioni l'anno, di cui due terzi circa sono per l'illuminazione pubblica. Il consumo annuo pro capite per illuminazione pubblica in Italia è di circa 100 kWh, più del doppio della Germania e della Gran Bretagna e un terzo in più della Francia (nonostante Parigi, Ville Lumière per antonomasia). A Berlino gli abitanti per punti luce sono 15,6; a Milano 9,4.

L'evidenza più chiara del fatto che consumiamo molta più elettricità degli altri per l'illuminazione stradale sono le fotografie prese di notte dai satelliti che sorvolano l'Europa. Non le riproduco in questo libro – sarebbero le uniche figure – ma il lettore può trovarle su http://revisionedellaspesa.gov.it/blog.html#_10giu14. Le foto non richiedono molti commenti: le luci splendono nel cuor della notte sullo Stivale. Il resto dell'Europa appare molto meno illuminato, con l'eccezione del Belgio, di Londra, di parti dell'Inghilterra e, naturalmente, di Parigi. Vi consiglierei anche un passaggio su YouTube per vedere l'intervento dell'astronauta italiano Paolo Nespoli (in http://www.youtube.com/watch?v=yydemA95O9o#t=13) che commenta quello che si vede dal cosmo. Fra l'altro, non si tratta di immagini scattate nel pieno della serata (quando si esce al cinema o al ristorante): l'Italia appare molto più luminosa anche nelle immagini del satellite Suomi Npp che sorvola il paese all'una e mezza di notte, quando si può presumere che la maggior parte degli italiani sia ormai a letto.

Oltre allo spreco di denaro pubblico, un'eccessiva illuminazione stradale causa anche problemi per l'ambiente.[5] Il problema dell'inquinamento luminoso veniva anche segnalato in una lettera indirizzata al presidente del Consiglio il 5 maggio 2013 da parte di ventuno docenti universitari con il coordinamento dell'associazione Cielobuio (un nome purtroppo non molto rassicurante).

Il problema dell'eccessiva illuminazione pubblica era già stato sollevato nel corso dell'approvazione della Legge di stabilità per il 2012, arrivando a essere discusso, e respinto, dalle commissioni Ambiente e Bilancio della Camera. In quel caso, chi si opponeva a una riduzione degli sprechi obiettò che spegnendo le luci si aumentavano i rischi per i cittadini. Ora, diversi studi hanno concluso che non esiste evidenza empirica di un legame tra intensità dell'illuminazione stradale e tasso di criminalità.[6]

Ma questo non è il punto. Il punto è che si può risparmiare, e molto, senza spegnere le luci e, se proprio si vuole risparmiare spegnendo le luci, non c'è proprio bisogno di spegnere l'illuminazione urbana, l'illuminazione delle strade dove camminano i cittadini.

Le proposte della Revisione della spesa lo spiegavano in modo chiaro. Si proponeva un pacchetto di misure di efficientamento energetico volto alla sostituzione d'impianti di illuminazione inefficienti, anche attraverso lo sviluppo dell'illuminazione Led, quando appropriato. Per avere effetto sulla spesa queste misure richiedevano investimenti. Ma esistono soluzioni al problema del finanziamento. Si potrebbe dare priorità, nei piani delle pubbliche amministrazioni, a investimenti che portano a risparmi, piuttosto che a investimenti di bassa qualità. Ci sono fondi europei utilizzabili per l'efficientamento energetico (si veda anche, in proposito, la relazione su "Fondi a supporto dei cambiamenti climatici" di Valter Menghini, dirigente della Cassa depositi e prestiti, presentata il 3 dicembre 2012 a Roma alla conferenza "L'illuminazione pubblica nella prospettiva della Smart City"). Inoltre esistono forme di partenariato pubblico-privato in cui l'investimento iniziale viene finanziato con fondi privati, senza gravare sulla finanza pubblica.

Una proposta precisa volta a raggiungere risparmi consistenti sull'illuminazione pubblica è stata perciò preparata da un gruppo di lavoro coordinato dal ministero dello Sviluppo economico nell'estate 2014. L'obiettivo era di ridurre entro il 2020 i consumi di energia elettrica per l'illuminazione pubblica del 35 per cento rispetto a quelli del 2013. Queste misure erano centrate su investimenti finanziati da linee di credito della Cassa depositi e prestiti e privilegiando forme di affidamento del servizio di illuminazione pubblica che favorissero il ricorso al capitale privato. Il risparmio a regime era di circa 400 milioni l'anno, a fronte di un investimento di circa 250 milioni annui – essenzialmente da parte privata – distribuito su cinque anni.

La proposta prevedeva anche, come una possibile variante, lo spegnimento di punti luce in aree extraurbane, come superstrade e tangenziali (ma evitando spegnimenti in punti critici come gli svincoli), di aree industriali o artigiane e di elementi del paesaggio.[7] In questo modo sarebbe stato possibile anticipare i risparmi già al 2015 (un centinaio di milioni). Questa proposta era in linea con quelle avanzate nella prima fase di Revisione della spesa del marzo 2014. Quindi niente spegnimenti in aree in cui circolano a piedi le persone. In ogni caso gli spegnimenti erano solo una parte della proposta.

È possibile che la proposta sia stata presentata troppo tardi per essere inserita nella Legge di stabilità per il 2015. Mi auguro che ci sia modo di riconsiderarla nei prossimi mesi (il calo del prezzo del greggio non può essere una scusa per un rinvio, visto che qui si tratta di risparmi di lungo termine).

Vorrei concludere con due annotazioni. La prima riguarda un'esperienza personale. Ho guidato di recente di notte sul raccordo tra Roma e l'aeroporto di Fiumicino. Le luci dei lampioni erano spente e, ovviamente, si viaggiava benissimo, come su qualunque tratto di autostrada. Mi è venuto il dubbio che lo spegnimento riflettesse la necessità di ridurre gli sprechi per risanare i conti del Comune di Roma. Sembra di no. Almeno sulla base di notizie riportate dalla stampa, lo spegnimento sembra dovuto al furto del rame degli impianti di illuminazione, che ha coinvolto, fra l'altro, anche il Grande raccordo anulare.[8] Farebbe ridere, se non ci fosse da piangere...

La seconda annotazione fa da ponte al capitolo successivo, sulle partecipate degli enti locali. Alcune municipalizzate che vendono elettricità sono così inefficienti – in particolare in termini di spese per il personale, e, in generale, nei costi fissi – che si sostengono solo con la vendita di quantità di energia eccessive ai comuni controllanti. Riducendo i consumi a quanto effettivamente necessario, si manderebbero in rovina queste municipalizzate. Capite bene che è del tutto paradossale. È chiaro che la soluzione del problema deve essere l'efficientamento delle municipalizzate, non il mantenimento di consumi energetici eccessivi. E se proprio non si possono efficientare, almeno si rendano palesi i sussidi finanziari, evitando lo spreco in termini di consumi energetici reali.

7.
Capitali coraggiosi: il capitalismo degli enti locali

Ve lo ricordate il ministero delle Partecipazioni statali? Forse no. Fu abolito con un referendum nel 1993. Già da prima era iniziato lo sfoltimento del capitalismo di stato, che è poi continuato negli anni seguenti con la progressiva privatizzazione delle società di proprietà dello stato. Le malelingue dicono che la Cassa depositi e prestiti negli ultimi anni si è spinta un pochino troppo in là nella direzione di acquisire partecipazioni azionarie, comprando dallo stato e mantenendo quindi le azioni in mano pubblica, ma si tratta di malelingue, appunto. Il capitalismo di stato è piuttosto limitato in Italia.

La vera controtendenza è stata quella del capitalismo degli enti locali. Il numero delle partecipate degli enti locali (società per azioni, ma anche altre forme di gestione separata di servizi pubblici, o comunque di attività di vario genere) è aumentato fino al periodo più recente. Questo capitolo si occupa di questo mondo complicato, poco trasparente e che sembra essere capacissimo di resistere a tutti i vari tentativi di riformarlo. Le ultime proposte di riforma in materia vengono dallo scrivente. Il decreto legge 66 del 2014 chiedeva al commissario per la Revisione della spesa di proporre un piano di riforma del settore. Questo capitolo, quindi, oltre che fotografare la situazione attuale, spiega come si potrebbe ridurre il numero delle partecipate “da 8000 a 1000”, l’obiettivo di medio termine fissato dal governo.[1]

Quante sono le partecipate locali e cosa fanno?

Tanto per cominciare, non sono 8000. L’8000 arrotonda il numero censito nella banca dati del ministero dell’Economia e delle finanze (7726 per la precisione, di cui il grosso, 5459, sono partecipate dai comuni, le cosiddette municipalizzate). Queste partecipazioni sono per l’85 per cento in forma societaria (società per azioni, a responsabilità limitata, cooperative, società consortili), ma sono inclusi nella banca dati anche enti pubblici locali e altre entità di questo tipo nel cui capitale gli enti locali partecipano in diverso modo.

Il numero effettivo è più elevato. Non tutti gli enti locali rispondono al censimento del ministero. C’è poi il problema delle “scatole cinesi”: una partecipata che controlla un’altra partecipata che controlla un’altra partecipata eccetera. Non tutti gli enti comunicano al ministero le partecipate di secondo e terzo grado. La banca dati del dipartimento delle Pari opportunità della presidenza del Consiglio, che comprende un livello di controllo più indiretto, ne censisce oltre 10.000.[2]

Sono tante? In Francia, che certo non è famosa per avere un settore pubblico snello, le partecipate locali sono circa un migliaio. Perché sono così tante in Italia? Be’, ci sono tanti comuni, il che non facilita le cose. Ma il numero delle partecipate è aumentato negli ultimi anni senza che aumentasse il numero dei comuni. Un motivo, che ha senz’altro influito, è stata la progressiva stretta imposta dalle esigenze di finanza pubblica sulla spesa degli enti locali. Se da un lato si stringevano le regole sugli enti locali, in termini di spesa complessiva, personale e, anche, di costi della politica, dall’altro, si aggiravano i vincoli creando entità – le partecipate, appunto – al di fuori del settore pubblico. Il numero di nuove partecipate aperte ogni anno è aumentato da un centinaio nei primi anni novanta a circa 400 tra il 2000 e il 2007. Solo successivamente si è cominciato a stringere il rubinetto: le nuove partecipate sono scese a circa 200 nel 2011 e 2012. Ma la vasca ha continuato a riempirsi, seppure meno velocemente che in passato.

Come sono distribuite le partecipate sul territorio nazionale? Qui il Nord non fa meglio del Sud. Le partecipate sono presenti su tutto il territorio nazionale, anzi, un po' di più al Nord. È però vero che, almeno in alcuni settori (come il trasporto pubblico locale), le partecipate del Settentrione mostrano minori segni di inefficienza. Ma ce ne sono tante inefficienti anche lì.

Che cosa fanno queste partecipate? Cosa producono? Un po' di tutto. Ci sono quelle che producono servizi venduti solo all'ente partecipante (le cosiddette "strumentali", una sorta di "divisioni" distaccate dell'ente stesso), per esempio servizi informatici o amministrativi (la preparazione di buste paga). Quelle che forniscono servizi vari a famiglie e imprese gratuitamente (o, meglio, con finanziamenti provenienti dalle tasse), per esempio l'illuminazione pubblica o i servizi cimiteriali. Quelle che forniscono servizi pubblici a pagamento (elettricità, gas, acqua, rifiuti, trasporto). Infine, quelle che vendono prodotti di vario genere al pubblico (terme, casinò, turismo, commercio al dettaglio e all'ingrosso, farmacie, con qualcuna che produce pure uova e latte).

Si tratta quindi di un settore molto variegato, che comprende senza dubbio cose che deve fare assolutamente il settore pubblico, perché il privato non le farebbe, e cose che invece non dovrebbe fare, perché il privato può farle meglio. In ogni caso, se le fa, il pubblico dovrebbe farle in modo efficiente. Spesso non è così.

Quanto costano al contribuente le inefficienze delle partecipate?

Non si sa esattamente. Dai bilanci delle partecipate censite dal ministero dell'Economia e delle finanze, le perdite nel 2012 risultavano essere di circa 1200 milioni.[3] Il settore in maggior disavanzo è il trasporto pubblico locale (300 milioni con l'Atac, l'azienda di trasporto locale di Roma, responsabile per la metà delle perdite del settore), ma società in perdita si trovano quasi ovunque.

Alcune partecipate, però, non evidenziano perdite nei propri bilanci perché ricevono trasferimenti a vario titolo dagli enti partecipanti, anche attraverso i cosiddetti contratti di servizio, che regolano la vendita di prodotti dalla partecipata all'ente partecipante. Questi trasferimenti equivalgono a veri e propri sussidi, se i prezzi di acquisto sono superiori a quelli che sarebbe possibile pagare qualora le partecipate fossero efficienti. Il totale dei vari trasferimenti alle partecipate ammontava a circa 16 miliardi e mezzo nel 2012. C'è chi considera, erroneamente, tutto questo importo come una spesa parassitaria, recuperabile chiudendo le partecipate. Ovviamente è sbagliato perché molte delle cose comprate dalle partecipate dovrebbero comunque essere acquistate, anche se magari a prezzi più bassi. Una parte, pur difficile da quantificare, comunque, è certamente rappresentata da sussidi che coprono inefficienze di gestione.

Quindi ci sono le perdite palesi, le perdite coperte da trasferimenti e, infine, i costi pagati direttamente dai cittadini: per esempio nel settore dei rifiuti, per legge le tariffe devono coprire il costo del servizio, anche se questo è gonfiato da inefficienze.

Tutto sommato, si può pensare che gli sprechi nel settore ammontino a qualche miliardo ogni anno. Non è una cifra enorme rispetto al volume della spesa pubblica italiana. Ma neanche irrilevante. Inoltre, una parte di queste spese riflette trattamenti di favore di cui beneficiano individui (amministratori e dirigenti) o lobby di potere. I consigli di amministrazione delle partecipate costano circa un miliardo all'anno. Rapportandolo alla quota pubblica delle partecipate (molte sono miste, cioè hanno anche una parte privata), la quota di pertinenza pubblica di questi costi è di circa 500 milioni. Non è una cifra marginale.

Non è quindi un settore che possa essere ignorato, anche se non ci si deve illudere che i problemi della finanza pubblica italiana possano essere risolti intervenendo solo in questo campo.

Le fonti d'inefficienza, e come intervenire sul numero delle partecipate

Potete immaginare che, vista la diversità degli ambiti di cui si occupano le partecipate, le fonti di inefficienza sono molto diverse. Certo, alla fine si tratta sempre, ricordate quanto abbiamo detto nel capitolo 1, di spese per il personale sovrabbondanti, acquisti a prezzi troppo alti o per quantità eccessive, o trasferimenti (in natura o in denaro) versati a qualcuno (compresa la fornitura di servizi pubblici a tariffe che non coprono i costi). Ma il modo specifico con cui questi costi si manifestano varia molto da settore a settore. Come intervenire?

Per cominciare, aiuterebbe ridurre drasticamente il numero delle partecipate (chiudendo o privatizzando quelle non necessarie all'attività pubblica). Una drastica diminuzione del numero delle partecipate sarebbe utile per due motivi: primo, si eliminerebbero anche società in perdita o comunque inefficienti; secondo, si semplificherebbe il sistema rendendolo quindi più facilmente monitorabile.

Vediamo quindi prima di tutto come si può sfoltire il numero delle partecipate. Da cosa partire? Ci sono diversi interventi diretti che potrebbero aiutare.

Primo, si potrebbero chiudere le "scatole vuote", cioè quelle partecipate che non hanno dipendenti, o molto pochi. Ci sono circa almeno 1300 partecipate senza dipendenti (cioè solo con il consiglio di amministrazione), oltre 2000 che hanno un numero di dipendenti inferiore al numero dei membri del consiglio di amministrazione, oltre 3000 con meno di 6 dipendenti. Almeno 1300 hanno un fatturato inferiore a 100.000 euro (e il numero raddoppia se si arriva al milione di euro). Il sospetto è che molte di queste piccole partecipate siano nate per creare "poltrone" per qualche dirigente o membro del consiglio di amministrazione, o che comunque non siano essenziali.

Secondo, si potrebbe limitare il fenomeno delle "scatole cinesi", ossia le partecipazioni indirette. Naturalmente chi svolge attività d'impresa mantiene spesso, per motivi di efficienza organizzativa, strutture societarie anche complesse. Ma molte partecipate non vendono beni e servizi sul mercato per cui non c'è alcuna giustificazione, in termini di efficienza organizzativa, per mantenere strutture organizzative complesse.

Terzo, non si vede perché piccoli comuni, che non hanno capacità gestionali elevate, dovrebbero avere partecipate. Se proprio le devono avere, che si associno. Al momento, quasi la metà delle partecipate dei comuni (quindi diverse migliaia) appartiene a comuni con meno di 30.000 abitanti.

Quarto, molte partecipazioni sono così piccole (meno del dieci, cinque, spesso anche meno dell'uno per cento del capitale societario) da porre il dubbio sulla loro effettiva utilità strategica. Queste micropartecipazioni sono normali nel caso di società controllate da tanti piccoli comuni, ma ci sono 1400 partecipate in cui la quota combinata dei vari enti pubblici non raggiunge il 5 per cento, 1900 partecipate in cui non raggiunge il 10 per cento e 2500 partecipate in cui non raggiunge il 20 per cento. Perché non si vendono queste micropartecipazioni? Si semplificherebbe il sistema (anche se una partecipazione è piccola, ci vuole comunque sempre qualcuno nell'ente partecipante che se ne occupi, sprecando risorse che potrebbero essere dedicate ad altri scopi).

Al di là di interventi specifici di questo tipo, che pure possono essere molto efficaci per sfoltire il numero delle partecipate, il problema di fondo è quale debba essere il campo di azione, il perimetro appropriato delle partecipate locali (e, in generale, delle imprese pubbliche). Qui si scontrano due posizioni. La prima è quella di chi sostiene che le imprese pubbliche possono fare qualunque cosa, purché non abbiano perdite (e non siano sovvenzionate). La seconda è che le imprese pubbliche devono operare solo quando esistono forti motivi per pensare che imprese private non possano fare la stessa cosa. Ci deve essere, in altri termini, quello che gli economisti chiamano un "fallimento del mercato". Questo è un concetto relativo, che varia nel tempo. Per esempio, anni fa si pensava che le imprese private non sarebbero riuscite a produrre un bene essenziale come il latte in quantità e una copertura territoriale sufficiente, ed è per questo che le aziende produttrici di latte erano società pubbliche. Ora non è più così nella maggior parte dei casi. Lo stesso vale per le farmacie, che una volta erano quasi tutte pubbliche e ora sono quasi tutte private.

Senza esagerare – ci sono molti campi in cui lasciare le cose in mano al privato sarebbe del tutto inappropriato –, credo che sia pericoloso accettare il primo approccio (che il settore pubblico può produrre qualunque cosa purché non sia in perdita). È per questo che al momento tante partecipate producono servizi turistici, latticini, frutta e verdura. Il rischio con le imprese pubbliche è che si cominci bene e si finisca male: una volta costituita un'impresa pubblica, magari anche sulla base di un piano che sembra valido, riesce molto difficile chiuderla quando comincia ad andare male. A quel punto c'è il pericolo che si tenga in vita un'impresa pubblica, anche se rappresenta un peso economico. Senza poi parlare del rischio, molto concreto, di partecipate che sono costituite per il solo scopo di creare poltrone e posti di lavoro che, fin dall'inizio, non sono giustificabili economicamente; o per aggirare i vincoli posti sugli enti territoriali dal governo centrale (i vari patti di stabilità interni, che magari non piaceranno ma che comunque svolgono una funzione che non può essere ignorata o vanificata).

Insomma, quando si parla di partecipate occorrerebbe procedere con prudenza. Vale la pena di ricordare che un centinaio di anni fa era necessaria una consultazione popolare per crearne. La legge Giolitti del 1903, a proposito della costituzione di una partecipata da parte di un comune, recitava così: "La deliberazione del consiglio comunale è sottoposta anche al voto degli elettori del comune, convocati con manifesto della giunta municipale da pubblicarsi almeno quindici giorni prima della convocazione.

L'elettore vota pel sì o pel no sulla questione della assunzione diretta del servizio. Nel caso di risultato contrario alla deliberazione del consiglio comunale, la proposta di assunzione diretta del servizio non può essere ripresentata se non dopo tre anni, salvo che un quarto almeno degli elettori inscritti ne faccia richiesta nelle forme prescritte dal regolamento; ma anche in questo caso non dovrà esser trascorso meno di un anno dall'avvenuta votazione".

In sostanza occorreva una sorta di referendum "confermativo" per verificare che l'operazione del comune avesse effettivamente il consenso della popolazione interessata. Questo purtroppo non succede più, sicché le partecipate riflettono spesso interessi particolari, talvolta poco nobili, talvolta nobili, ma troppo spesso particolari.

Ma che fare con le partecipate che già esistono?

Abbiamo capito quindi che non si dovrebbero creare nuove partecipate troppo piccole, che hanno più membri del consiglio di amministrazione che dipendenti, che agiscono in settori dove potrebbe operare il privato eccetera.

Ma che fare con le partecipate che già esistono? Chiuderle non crea un danno all'economia? Naturalmente è più difficile chiudere partecipate già esistenti. Ma chiariamo un primo punto. La difficoltà di chiudere partecipate già in essere non può essere una scusa per non introdurre (o per non applicare) norme che almeno ne impediscano l'apertura di nuove. Chiudiamo almeno il rubinetto se non riusciamo a svuotare la vasca.

Ciò detto, credo sia possibile, con un po' di pazienza e tempo, chiudere le partecipate che non servono. Ricordiamoci innanzitutto di un fatto: chiudere partecipate fa risparmiare soldi, con cui si possono fare cose utili all'economia, compreso ridurre le tasse, più che compensando così gli effetti della chiusura delle partecipate inutili.

Il problema principale è gestire gli esuberi. Ma per molte di esse il problema non esiste, o è modesto. Molte, abbiamo visto, non hanno occupati o ne hanno pochi. Per altre si tratta di partecipazioni di piccolo importo in società a capitale misto: non si tratta di chiudere le imprese ma solo di vendere al privato quote di importo modesto. Il discorso, però, è più generale: la privatizzazione può essere una strada per evitare la chiusura. Inoltre, almeno una parte degli occupati può essere riassorbita nella stessa pubblica amministrazione: il risparmio si materializza comunque se, all'immissione del personale delle partecipate, corrisponde una riduzione delle assunzioni di altro personale dall'esterno (per rimpiazzare, per esempio, chi va in pensione). Infine, il recente rafforzamento degli ammortizzatori sociali (che dovrebbe essere esteso anche ai lavoratori delle partecipate) consentirebbe un più facile riassorbimento degli esuberi creati dalla chiusura di questi enti.

In ogni caso, mantenere in vita partecipate che bruciano risorse invece di produrre valore aggiunto non serve a nessuno: tanto varrebbe pagare i dipendenti per farli stare a casa. Almeno si risparmierebbero i costi di gestione e il costo dei consigli di amministrazione. In proposito abbiamo stimato che se le partecipate fossero davvero portate da 8000 a 1000 (nel giro di tre o quattro anni) il settore pubblico potrebbe risparmiare circa 300 milioni a regime, solo per la riduzione del numero delle "poltrone" dei membri dei consigli di amministrazione.

Ma occorre anche efficientare le partecipate che resteranno operative

Le partecipate svolgono spesso un ruolo molto importante fornendo servizi alla collettività che, per un insieme di motivi, non potrebbero essere forniti dal settore privato, almeno non nell'immediato. Queste partecipate devono continuare a operare ma occorre fare in modo che operino in modo efficiente. Sappiamo che al momento spesso non è così. Sappiamo che società come l'Atac – per cui peraltro è ora in corso un programma di efficientamento – hanno rappresentato in passato esempi di cattiva gestione (incluse molte assunzioni che hanno portato a un eccesso di personale rispetto alle vere esigenze).

Come ci si può assicurare che le partecipate che continueranno a operare siano efficienti?

Il problema non è di facile soluzione, anche perché questi enti, come abbiamo visto, operano in settori molto diversi tra loro. Ci sono però interventi di carattere generale che potrebbero essere utili e che si affiancherebbero a interventi specifici di certi settori.

Tra gli interventi di carattere generale, quello più importante è lo sviluppo, per i vari settori di attività, di costi standard che consentano di valutare quanto dovrebbe costare la produzione di certi servizi pubblici e di fissare coerentemente i prezzi che gli enti territoriali devono pagare alle partecipate per l'acquisto dei servizi forniti. Questo impedirebbe di far passare come "acquisti" quelli che attualmente sono veri e propri sussidi all'inefficienza. È da tener presente che non si può agire solo sui prezzi. Bisogna inoltre evitare di comprare cose che non servono. Come notato nel capitolo 6, sembra che parte dell'opposizione all'efficientamento dell'illuminazione pubblica venga dalle partecipate che vendono ai comuni l'elettricità. Non si può risparmiare perché questo danneggerebbe le partecipate stesse...

Occorre anche che famiglie e imprese paghino il prezzo giusto per i servizi che vengono loro forniti (naturalmente il prezzo "giusto" deve tener conto di una produzione efficiente, non prezzi che riflettono inefficienze). Questo è un problema delicatissimo, soprattutto in certi settori, come il trasporto pubblico locale, che è fonte di gravi inefficienze. Vale la pena osservarlo più da vicino.

Il trasporto pubblico locale

Pochi semplici numeri bastano a illustrare l'inefficienza del trasporto pubblico locale italiano rispetto a quello degli altri principali paesi europei. I costi operativi per chilometro sono del 18 per cento più alti che in Germania e dell'83 per cento più alti che nel Regno Unito. Gli autobus viaggiano spesso vuoti: questo sembrerà strano a molti perché, spesso nelle grandi città, nelle ore di punta sono affollatissimi. I dati, però, indicano che, in media, il rapporto tra passeggeri e posti è del 22 per cento in Italia, la metà di quello della Francia e della Spagna. I ricavi da traffico per chilometro sono i più bassi tra i grandi paesi europei, il 40 per cento di meno che in Germania. I biglietti e, soprattutto, gli abbonamenti costano poco e molti viaggiano senza pagare, in particolare nel Centro e nel Sud Italia. Ma anche al Nord: mentre scrivevo è uscita sul web la notizia di un conducente di autobus aggredito a Treviso da una folla di giovani per aver rifiutato l'accesso a un ragazzo che aveva presentato un abbonamento non valido.

Per effetto delle inefficienze e dell'inadeguatezza dei ricavi, il settore sopravvive solo grazie a massicci trasferimenti di denaro pubblico (oltre 6-7 miliardi l'anno), anche se questo non basta a evitare perdite. Né si può dire che la qualità dei servizi sia soddisfacente.

Per risolvere il problema occorre intervenire sia sul lato dei ricavi sia su quello dei costi. Sul lato dei ricavi, sembra difficile non aumentare le tariffe, soprattutto quelle degli abbonamenti, i cui prezzi sono i più bassi tra i grandi paesi europei. Gli abbonamenti mensili e annuali costano la metà di quelli francesi e tedeschi, un quarto di quelli inglesi. Si tratta quindi di sussidi molto più elevati di quelli degli altri. Ce lo possiamo permettere? Si dirà che chi usa il trasporto pubblico riduce l'inquinamento e va premiato. È vero, ma va premiato il doppio di quanto avviene in Francia e in Germania? Si dirà che aumentando le tariffe si fanno pagare i più poveri. Il problema, però, è che delle tariffe basse beneficiano tutti, anche chi può permettersi di pagare un biglietto che copra i costi, anche i turisti stranieri che vengono a godersi le vacanze in Italia. Meglio sarebbe avere tariffe più alte e utilizzare il risparmio per ridurre le tasse sui redditi più bassi. Allora sì che ne beneficerebbero i meno abbienti. Stesso discorso, *mutatis mutandis*, per il mancato pagamento dei biglietti, dove occorre intervenire più energicamente, soprattutto nel trasporto su gomma, dove l'evasione è più elevata.

Sul lato dei costi, occorre capire innanzitutto che si può essere più efficienti e che già certe regioni lo sono. Il corrispettivo per posto/chilometro pagato per trasporto non ferroviario in Molise è circa sei volte maggiore di quello pagato in Piemonte, Liguria e Lombardia. In generale, le regioni del Sud (più due regioni a statuto speciale al Nord, Valle d'Aosta e Trentino-Alto Adige) hanno corrispettivi molto più elevati di quelli del resto dell'Italia. L'auspicata introduzione di costi standard per la determinazione dei corrispettivi dovrebbe quindi portare a un efficientamento selettivo, colpendo maggiormente chi ora è inefficiente. Nel corso dei lavori per la Revisione della spesa abbiamo stimato che l'applicazione dei costi standard al settore del trasporto locale non ferroviario consentirebbe di risparmiare almeno 350 milioni l'anno. Si dovrebbe introdurre anche un po' di competitività nel settore assegnando i servizi attraverso gare e non tramite affidamenti diretti a partecipate. Sembra inevitabile tagliare anche le linee a più scarso traffico, visto l'eccesso di offerta rispetto alla domanda.

Una parte delle risorse recuperate in questo modo potrebbe essere nel tempo utilizzata per migliorare la qualità dei servizi, per esempio rinnovando il parco autobus (che ha un'età media troppo elevata) e per ammortizzatori sociali per i lavoratori del settore.

Sfruttare le economie di scala

In numerosi settori, in particolare quelli di acqua, gas, elettricità e rifiuti, si potrebbero ridurre molto i costi sfruttando le economie di scala. È un termine molto amato dagli economisti. Cosa significa? Significa che costa meno produrre su scala più grande: il costo per unità di prodotto fornito scende. Per i servizi pubblici citati questo è senz'altro vero, perché le partecipate che operano in questi settori sono in genere piuttosto piccole rispetto a quelle che si trovano all'estero, con l'eccezione parziale del settore elettrico. Di nuovo, si tratta di un problema di eccessiva frammentazione. Si stima che, per avere costi di produzione efficienti, occorrerebbe ridurre le partecipate che agiscono nel settore idrico dalle attuali 300 a circa 20-70. Per la raccolta rifiuti si dovrebbe passare dalle attuali 400 a circa 20-50. Insomma, come nel caso degli acquisti discusso nel capitolo 2, l'unione fa la forza.

Invece, noi italiani abbiamo difficoltà a lavorare insieme, passando oltre gli interessi locali. La strategia studiata per superare questi ostacoli combina incentivi all'aggregazione con regolamentazione. Occorre cioè affidare i servizi su aree più ampie di quelle attuali: appalti su ambiti territoriali più vasti forzerebbero i comuni ad aggregare le proprie partecipate. Il principio degli ambiti territoriali ottimali è stato introdotto da tempo nell'ordinamento italiano. Si tratta di completare la riforma, perfezionandone la relativa normativa e, soprattutto, forzandone l'implementazione che è stata carente, soprattutto al Sud. Occorrono poteri sostitutivi efficaci per chi non si muove secondo le scadenze. È quello che sta accadendo: la recente Legge di stabilità sposta la scadenza per l'adesione degli enti locali agli organi di governo degli Ato (Ambiti territoriali ottimali) da fine dicembre 2014 al primo marzo 2015, ma dà ai presidenti di regione poteri sostitutivi in caso di inazione da parte degli enti territoriali. Spero basti: ristrutturare il settore è molto importante anche in termini di politica industriale.

Alcune considerazioni finali

Il rapporto che ho preparato come commissario sulle partecipate locali si concludeva con una tavola che spiegava in modo dettagliato come si poteva scendere, nel giro di tre, quattro anni, da 8000 a 1000 partecipate e come si potevano risparmiare a regime 2-3 miliardi ogni anno. Si tratta di un programma ambizioso ma implementabile se si supereranno gli interessi locali e se si agirà con sufficiente energia.

Il governo ha indicato che il disegno di legge delega sulla riforma della pubblica amministrazione costituirà lo strumento legislativo per la riforma del settore, in modo complessivo e quindi evitando gli interventi parziali che in passato hanno spesso caratterizzato le azioni legislative in quest'area. Si tratta degli articoli 14 ("Riordino della disciplina delle partecipazioni azionarie delle amministrazioni pubbliche") e 15 ("Riordino della disciplina dei servizi pubblici locali"). Occorrerà, in sede di approvazione della legge delega, assicurarsi che la riforma coinvolga però non soltanto le società per azioni (che sono solo un quarto delle partecipate) e non soltanto le partecipate che forniscono servizi pubblici locali (le strumentali e quelle che vendono servizi di diverso genere sul mercato sono più di un terzo del totale).

Ma non servirà attendere questo riordino complessivo, visto che la Legge di stabilità per il 2015 richiede agli enti territoriali di predisporre e pubblicare entro fine marzo 2015 un piano operativo delle partecipate con l'indicazione dei risparmi previsti, con l'obiettivo di ridurne il numero entro fine 2015. Non si introducono nuovi obblighi ma si richiede agli enti territoriali di "tenere conto", nella preparazione del piano, di vari criteri quali l'eliminazione delle partecipate non indispensabili al perseguimento delle finalità dell'ente, di quelle che ho chiamato "scatole vuole" e di quelle che svolgono attività simili a quelle di altre partecipate. È un approccio in linea con molte delle raccomandazioni del mio rapporto, anche se tende a incoraggiare piuttosto che a obbligare. Il fatto che il piano di razionalizzazione dovrà essere pubblicato dovrebbe aumentare la pressione sugli organi territoriali per una razionalizzazione che non sia solo di facciata.

Il ruolo della pubblica opinione nel portare avanti queste riforme sarà in effetti essenziale. Il settore è stato finora poco trasparente, forse volutamente, sfuggendo al maggiore rigore esistente sui conti degli enti territoriali stessi. Occorre agire rendendo disponibili al pubblico informazioni facilmente comprensibili. A fine agosto 2014 ho pubblicato sul sito della Revisione della spesa un indice di redditività per quasi tutte le 7726 partecipate della banca dati del ministero dell'Economia e delle finanze (tranne quelle per cui l'informazione non risultava disponibile). La pubblicazione ha destato notevole interesse, anche a livello di stampa locale, che ha dato molto spazio all'argomento. Questo pone pressione politica su chi deve prendere le decisioni a livello locale. Occorre proseguire su questa strada.

8.
Tre milioni di lavoratori (e di buste paga)

Mio papà era un dipendente pubblico, un dirigente dell'ospedale di Cremona. Mia mamma, prima di fare la mamma a tempo pieno, era insegnante. Io ho sempre lavorato nel settore pubblico, in Banca d'Italia prima, in un'impresa pubblica (l'Eni), nel Fondo monetario internazionale e poi come commissario. Ho avuto qualche volta offerte di lavoro da parte del settore privato, ma le ho sempre rifiutate. Credo nell'importanza di avere un settore pubblico efficiente come condizione necessaria per il buon funzionamento di un'economia di mercato. E il settore pubblico sono i dipendenti pubblici. Da qui l'importanza delle norme, delle procedure e delle decisioni che ne determinano il comportamento e la retribuzione.

Quanti sono i dipendenti pubblici in Italia?

A fine 2013 i dipendenti pubblici a tempo indeterminato erano 3.232.495, secondo i dati della Ragioneria generale dello stato, cui si aggiungono circa 79.000 dipendenti a tempo determinato o con contratti di formazione e circa 20.000 docenti universitari a contratto e ricercatori.[1]

Il comparto più grosso è quello della pubblica istruzione: scuola e università fanno quasi un terzo dei dipendenti pubblici. Poi c'è la sanità, con un altro 22 per cento.

Questi due soli settori rappresentano oltre la metà dei dipendenti pubblici. Un altro 18 per cento è costituito da regioni, province e comuni. Tra corpi di polizia e forze armate si arriva a un altro 15 per cento. E i dipendenti dei ministeri, i dipendenti pubblici per antonomasia? Meno del 7 per cento del totale (anche includendo le agenzie fiscali sul territorio). Il resto è un insieme di piccoli altri comparti.

È tanto? È poco? Cosa ci dicono i confronti internazionali? I dati dell'Ocse (quelli più affidabili per questo confronto) non sono aggiornatissimi, ma ci danno un'idea e, per lo meno a prima vista, non siamo messi male. Nel 2011 il rapporto tra dipendenti pubblici e forza lavoro (cioè persone in età lavorativa) era in Italia del 14 per cento, un po' più basso della media dei paesi dell'Ocse (intorno al 15 per cento). Certo, la percentuale in Germania è più bassa ma la maggior parte dei dipendenti della sanità tedesca non è inclusa tra i dipendenti pubblici. Il rapporto italiano è molto più basso che in Francia (quasi il 22 per cento) e nel Regno Unito (18 per cento).

Si deve anche considerare che l'occupazione pubblica tra il 2008 e il 2013 è scesa di oltre 200.000 unità e il calo è anche più forte (230.000 unità), se si includono i dipendenti a tempo determinato. Non è stato licenziato quasi nessuno ma ci sono state meno assunzioni per sostituire le persone che andavano in pensione (il cosiddetto blocco del turnover, seppure parziale, come vedremo).

Tutto a posto, dunque? No, per due motivi. Innanzitutto se l'occupazione totale non è a prima vista eccessiva, ci possono essere comunque settori che non hanno abbastanza personale e altri in cui è eccedente.

Inoltre, varie considerazioni suggeriscono che l'occupazione nel settore pubblico potrebbe nel complesso essere ridotta, anche se non si tratta di cifre enormi.

Una prima considerazione è che i confronti internazionali sono meno favorevoli all'Italia se si considerano anche i dipendenti delle imprese pubbliche. In Italia nel 2011 erano il 4 per cento della forza lavoro (circa un milione di unità, sebbene questo includa anche le imprese solo a parziale partecipazione pubblica). Nel Regno Unito soltanto l'1,7 per cento. In Francia il 2,5 per cento.

In secondo luogo, come abbiamo visto nel capitolo 1, nel fare confronti internazionali occorre tener conto del fatto che, a causa dell'elevato peso della spesa per interessi e pensioni, ci possiamo permettere di sborsare meno per altre voci, e quindi anche per gli stipendi pubblici.

Terzo, il confronto non sul numero dei dipendenti pubblici ma sulla spesa per gli stipendi rispetto al Pil è molto meno favorevole. La spesa in Italia è di circa il 12 per cento. In Gran Bretagna solo di poco superiore (12,6 per cento), a indicare che i dipendenti pubblici inglesi sono più numerosi ma vengono pagati meno dei nostri (su questo ci torneremo).

Quarto, se andiamo a vedere la distribuzione dell'occupazione per regione troviamo differenze molto marcate, il che suggerisce che ci siano eccessi di occupazione in alcune zone. La geografia è la solita che troviamo per altri indicatori di spesa. Tra le regioni a statuto ordinario, quelle del Nord sono più virtuose, con un numero di dipendenti ogni mille abitanti inferiore alla media nazionale (54 dipendenti pubblici ogni mille abitanti), in tutte le regioni tranne la Liguria (che ha un valore molto alto: 66 dipendenti pubblici ogni mille abitanti). La Lombardia è la più virtuosa (42). Il Veneto sta solo un po' più in alto (46 per mille abitanti). Il Lazio è al primo posto, ma questo è in parte spiegato da Roma (anche se abbiamo visto che i ministeri non contano molto sull'occupazione totale). Le regioni del Centro-Sud sono tutte al di sopra dei 50 dipendenti pubblici per mille abitanti, con valori più elevati per il Molise (60), che però può essere penalizzato dalla propria dimensione, e la Calabria (58). La Campania non è messa malissimo (51). Le regioni a statuto speciale sembrano istituti per la creazione di posti pubblici. Peggio di tutte sta la Valle d'Aosta (con un indice di 93); anche qui però conta la dimensione ridotta. Il Trentino-Alto Adige sta intorno ai 76, il Friuli Venezia Giulia a 70, la Sardegna a 67. La spesso bistrattata Sicilia non sta messa male (57), per essere una regione a statuto speciale intendo dire.

Infine, la possibilità di ridurre il numero dei dipendenti pubblici è suggerita anche dall'analisi delle riforme di efficientamento considerate nel corso della Revisione della spesa. Più precisamente abbiamo stimato che, per effetto delle riforme proposte (discusse negli altri capitoli di questo libro), si sarebbero creati esuberi di circa 85.000 unità nel giro di tre anni. Non è una cifra enorme (si tratta del 2,5 per cento del totale e il 40 per cento della riduzione dell'occupazione pubblica già registrato nel periodo 2009-2013), ma non irrilevante. Si noti che questo è un esubero lordo, cioè non tiene conto della possibilità di impiegare il personale eccedente in qualche altro comparto dove il personale è insufficiente.

Credo si possa quindi concludere che l'occupazione pubblica in Italia non è macroscopicamente eccessiva ma che, comunque, esistono margini per una riduzione e, forse, per una migliore allocazione, anche a livello regionale.

Come si può ridurre il numero dei dipendenti pubblici? Come si può riassegnarli?

Partiamo da un dato di fatto. Nel settore pubblico non viene licenziato quasi nessuno: nel 2013 i licenziamenti sono stati un migliaio, cioè una trentina ogni 100.000 dipendenti. Non è che non si possa. A parte i possibili licenziamenti a livello personale (cui però si applica l'articolo 18, che ancora vale per i dipendenti pubblici), esiste in teoria una procedura per la messa in esubero nel caso un'amministrazione ritenga di avere un numero di dipendenti superiore alle proprie esigenze.

Questa procedura, introdotta con il decreto legislativo 165 del 2011, quando Renato Brunetta era ministro per la Pubblica amministrazione e l'innovazione, e rafforzata nella Legge di stabilità per il 2012, prevede che le amministrazioni pubbliche valutino ogni anno se il personale presente sia coerente con le esigenze di servizio e metta in disponibilità il personale non riallocabile nella stessa amministrazione. Il personale in disponibilità percepirebbe l'80 per cento della retribuzione per due anni, periodo entro il quale il personale in esubero potrebbe essere collocato in altre amministrazioni. Non viene peraltro chiarito cosa accade al termine dei due anni se non si è trovato il modo di ricollocare il personale inserito nella lista degli esuberi. In ogni caso, nonostante l'obbligo da parte delle amministrazioni di procedere alla valutazione degli organici, la normativa descritta è restata lettera morta. Anche questo, un caso di leggi scritte non applicate nella sostanza.

Durante il lavoro come commissario sono stato effettivamente colpito dall'ipotesi, implicita e talvolta esplicita, che le misure di risparmio sulla spesa dovessero essere valutate a parità di occupazione. Nessuno dei gruppi di lavoro della Revisione della spesa ha avanzato proposte per la riduzione degli organici, nonostante fosse stato loro esplicitamente richiesto. Lo stesso è successo quando, nel corso della preparazione della Legge di stabilità per il 2015, il presidente del Consiglio Renzi ha chiesto ai ministeri di presentare una lista delle possibili misure di risparmio: nessuna delle proposte presentate era relativa al numero di persone impiegate, tranne che per un ministero (che considerava di posticipare di qualche mese le assunzioni previste per il 2015).

Come ho detto, si stimava che le riforme proposte nel documento di Revisione della spesa del marzo 2014 avrebbero comportato risparmi di personale per circa 85.000 unità nel giro di tre anni. Era una stima di massima, ma si individuavano i settori dove si sarebbero verificati gli esuberi. Se si volesse procedere a una riduzione del personale in certi settori, come si potrebbe fare?

Una prima possibilità è spostare il personale eccedente in settori dove manca il personale. Ho già parlato della procedura di messa in disponibilità. La possibilità di una riallocazione del personale in esubero presso altre amministrazioni è stata rafforzata con il decreto legge 90 del 2014, seguendo le proposte avanzate da uno dei gruppi di lavoro della Revisione della spesa. È stata, in particolare, prevista la possibilità di riassegnare il personale pubblico entro cinquanta chilometri dalla sede originaria senza la possibilità per il dipendente di obiettare al trasferimento e senza la necessità di un accordo tra le due amministrazioni coinvolte (quindi con una regia centralizzata). Le procedure di mobilità non comportano ovviamente risparmi a livello complessivo, ma almeno consentono una migliore allocazione del personale.

Se poi l'amministrazione ricevente riduce le assunzioni si ottiene anche un risparmio netto. Il che ci porta al tema del blocco del turnover (questo è il termine inglese usato per indicare il rimpiazzo di personale che va in pensione), lo strumento con cui si è ottenuta la sensibile riduzione dell'occupazione pubblica registrata negli ultimi anni. Se 100 dipendenti vanno in pensione se ne possono assumere per riempire i posti vacanti solo, per esempio, 20 (questa è, per inciso, la percentuale di turnover consentita nel 2013 e nel 2014). Si tratta di uno strumento abbastanza "rozzo" (direi "lineare"), per lo meno nel modo in cui è stato usato, nel senso che non si è cercato di applicarlo alle amministrazioni in cui esistevano esuberi: non si dice che la prefettura di, faccio per dire, Cremona ha un eccesso di personale e quindi non può assumere; si dice che tutte le prefetture (anzi che tutti i ministeri) non possono assumere. Niente però impedirebbe un uso più mirato di questo strumento.

Un'obiezione comune al blocco del turnover è che causa un "invecchiamento" della popolazione dei dipendenti pubblici: se non si assumono giovani ogni anno l'età media aumenta ovviamente di (quasi) un anno. Ma il blocco del turnover non è mai stato totale, anche perché alcuni settori sono stati completamente esentati. Guardiamo ai numeri. Tra il 2006 e il 2012 l'età media dei dipendenti pubblici è cresciuta di un anno e quattro mesi (da 46,7 anni a 48,1 anni), quindi ben al di sotto di quanto sarebbe accaduto con un blocco completo del turnover. Tra i settori interamente esentati dal blocco c'è la scuola, che impiega, come abbiamo visto, un terzo dei dipendenti pubblici. Infatti, in questo settore non c'è stato nessun "invecchiamento". In alcuni settori c'è stato un ringiovanimento (carriera diplomatica, esercito, guardie forestali). Tra i più penalizzati sono stati i Carabinieri e la Polizia di stato (con un invecchiamento di circa tre anni, anche se, in parte, per effetto di un cambiamento delle politiche di assunzione, che hanno privilegiato personale con esperienza nelle forze armate).

Si dirà che, se anche l'aumento dell'età media non è stato rilevante (poco più di un anno in sei anni), l'età media dei dipendenti pubblici italiani è però già molto elevata. Le statistiche Ocse mostrano infatti che è la più alta tra i paesi dell'Ocse. Questo è vero, ma riflette in buona parte l'anzianità di tutta la nostra forza lavoro, la più elevata dell'Ocse (nel nostro paese ci sono pochi giovani).[2] In effetti, se guardiamo alla differenza tra l'età media dei dipendenti pubblici e l'età media della forza lavoro, l'Italia scende dal primo all'undicesimo posto tra i paesi Ocse.

Dal 2015 è previsto un allentamento del blocco del turnover che, per le amministrazioni non esenti, comporterà un aumento delle percentuali di rimpiazzo dal 20 per cento al 40, 60, 80 e 100 per cento rispettivamente nel 2015, 2016, 2017 e 2018. Un ulteriore allentamento è seguito al decreto legge 90 del 2014, che ha collegato la percentuale di rimpiazzo non al numero di persone da assumere per sostituire i pensionandi, bensì alla spesa risparmiata grazie ai pensionamenti. Dato che il personale che va in pensione riceve una retribuzione più elevata di quello che viene assunto, per ogni dipendente che smette di lavorare si può assumere più di un giovane. In conclusione, mi sembra che, volendo, ci sarebbe ancora spazio per utilizzare il blocco del turnover per ridurre il numero dei dipendenti pubblici.

Ma non tutto si può ottenere con questo sistema. Al di là dell'invecchiamento, c'è un problema di capienza. Ogni anno va in pensione circa il 2,5 per cento dei dipendenti pubblici (circa 80.000 persone; il numero era più alto prima della riforma Fornero). Inoltre, c'è un problema di allocazione tra settori: le riforme della spesa possono portare a risparmi in aree dove ci sono pochi pensionandi in un certo anno. Occorre quindi pensare anche ad altri strumenti.

Si potrebbero per esempio reinternalizzare servizi che sono stati esternalizzati o che comunque vengono comprati attualmente da privati. Un buon esempio, che mi è stato segnalato da un alto magistrato milanese, è fornito dal servizio di controllo agli accessi al Tribunale di Milano (sì, proprio quello dei tragici fatti del 9 aprile 2015), attualmente assicurato (come presumibilmente in altre città) da guardie giurate piuttosto che da dipendenti della pubblica amministrazione. Personale considerato in esubero dalle forze di polizia o dalle forze armate potrebbe essere facilmente impiegato a tale scopo risparmiando sull'acquisto del servizio esterno. Questo richiede, però, una buona mappatura dei servizi che potrebbero essere reinternalizzati, cosa che è stata avviata, come suggerito dalle proposte di Revisione della spesa, con il decreto legge 90 del 2014, che richiedeva alle pubbliche amministrazioni di fornire l'elenco dei servizi acquistati da privati (anche se, devo ammettere, il testo in questione non è limpidissimo nel definire cosa vada censito).

Un'altra possibilità è quella dei prepensionamenti. Qui però il risparmio è abbastanza limitato, in quanto è dato dalla differenza tra stipendio e pensione, che va però valutata al netto delle tasse e contributi. Siccome il coefficiente di rimpiazzo tra pensione e retribuzione è ancora abbastanza alto in Italia (intorno all'80 per cento) e i pensionati non pagano più contributi per le pensioni, il risparmio netto è piuttosto basso (intorno al 5-10 per cento dello stipendio). C'è poi anche il rischio che un prepensionamento massiccio di dipendenti pubblici porti a una richiesta di prepensionamento anche per i dipendenti privati, con conseguente forte aumento della spesa per le pensioni.[3]

Resta da esplorare la possibilità di utilizzare la procedura di messa in esubero non come strumento di mobilità interna ma di mobilità verso l'esterno del settore pubblico. Non credo che questa possibilità sia da escludere a priori. Non si può pensare che i dipendenti privati possano essere licenziati mentre quelli pubblici non possano esserlo in nessuna circostanza. È invece essenziale che esistano appropriati ammortizzatori sociali tali da facilitare il riassorbimento nel settore privato dei dipendenti pubblici. Si tratta di un tema delicato e occorre procedere con gradualità ma si potrebbero applicare al settore pubblico le proposte avanzate dal professor Ichino per facilitare il ricollocamento del personale pubblico in esubero (per esempio, tramite un "contratto di ricollocazione"). In generale, si potrebbero anche considerare dei "pacchetti" da offrire a chi, almeno volontariamente, decida di lasciare la pubblica amministrazione. Magari non saranno molti ad accettare, ma perché non provare? La spesa iniziale, fra l'altro, essendo di natura una tantum, potrebbe non risultare rilevante ai fini del rispetto di alcuni dei vincoli posti dalle regole europee sul deficit.

Riassumendo, non sembra impossibile raggiungere nel corso di un triennio una riduzione dell'occupazione pubblica in linea con quella prevista dalla Revisione della spesa (due o tre punti percentuali rispetto allo scenario attuale) attraverso una combinazione degli strumenti descritti.

I dirigenti pubblici sono pagati troppo?

La spesa per gli stipendi pubblici dipende ovviamente da due cose: il numero dei dipendenti pubblici e il livello degli stipendi. Questa sezione e la seguente si occupano del livello degli stipendi partendo da quello dei dirigenti su cui il lavoro della Revisione della spesa è stato più approfondito.

Fino al 2012, i dirigenti apicali pubblici godevano effettivamente di stipendi d'oro, anzi di platino. Il capo della Polizia e il ragioniere generale dello Stato avevano stipendi lordi intorno a 600.000 euro annui. Il governo Monti impose un tetto pari a circa 300.000 euro. Da notare, peraltro, che questo nuovo tetto veniva legato allo stipendio del primo presidente della Corte di cassazione, che è indicizzato all'inflazione. Per cui gli alti dirigenti pubblici godevano ancora della scala mobile, eliminata per i comuni mortali negli anni ottanta.

Ho però affrontato il tema degli stipendi dei dirigenti pubblici da un punto di vista più generale, cercando di verificare se gli stipendi, non solo di quelli apicali, ma di tutti i dirigenti pubblici, fossero troppo elevati. Questo anche a seguito dei lavori del professor Perotti, che suggerivano che fosse così almeno in qualche comparto, come quello diplomatico. Per verificare l'adeguatezza degli stipendi dei dirigenti sono ricorso al confronto internazionale. Però non è così semplice: a parte la diversa valuta (problema che non esiste all'interno dell'area dell'euro), c'è anche la questione della diversa tassazione e del diverso livello di reddito medio dei diversi paesi (in paesi a reddito più basso ci si può aspettare che anche la retribuzione dei dirigenti pubblici sia inferiore). Alla fine, l'approccio più convincente è stato quello di confrontare non direttamente le retribuzioni tra diversi paesi, ma il rapporto tra retribuzione dei dirigenti e reddito pro capite. In questo modo non c'è bisogno di correggere per la diversa valuta, per la diversità nel reddito tra paesi o per il diverso livello di tassazione.[4] Facciamo un esempio: se vediamo che in Gran Bretagna i dirigenti pubblici prendono il 50 per cento in più del reddito medio e in Italia l'80 per cento in più, ne concludiamo che nel nostro paese sono pagati "troppo". Naturalmente questo confronto va applicato a dirigenti all'incirca dello stesso livello. L'Ocse nella sua pubblicazione annuale "Government at a Glance" fornisce informazioni sugli stipendi dei dirigenti più o meno dello stesso livello per diversi paesi.

Da queste informazioni si evince che, prima dell'ultimo tetto introdotto dal governo Renzi (vedi più avanti), un dirigente apicale italiano prendeva dodici volte e mezzo il reddito medio italiano, quello tedesco, invece, solo cinque volte il reddito medio tedesco. Nella stessa direzione andavano i confronti con Francia e Regno Unito. Il reddito dei dirigenti italiani superava quello dei dirigenti di Francia, Gran Bretagna e Germania anche ad altri livelli dirigenziali, anche se per importi via via minori a mano a mano che si riduceva il livello. Per esempio, la retribuzione di un dirigente di prima fascia (ma non apicale) era di circa dieci volte il reddito pro capite italiano, quella di un dirigente tedesco era di 4,3 volte (per dettagli ulteriori si veda la slide 15 delle proposte di Revisione della spesa).

Attraverso questi confronti si arriva a concludere che, per riportare gli stipendi dei dirigenti italiani a livello (sempre rispetto al reddito pro capite) di quelli degli omologhi francesi, tedeschi e britannici si sarebbero dovuti dimezzare gli stipendi italiani per i dirigenti apicali e per quelli di prima fascia e di ridurli di circa il 15 per cento per quelli delle fasce inferiori. Sembravano tagli un po' eccessivi, tenendo conto dei margini di incertezza esistenti nei confronti internazionali, ma questi confronti suggerivano comunque la possibilità di interventi significativi.

Alla fine, il decreto legge 66 del 2014 fissava un tetto di 240.000 euro lordi – pari più o meno all'assegno percepito dal presidente della Repubblica – alle retribuzioni dei dirigenti (eliminando, non senza un'opposizione durata fino all'ultimo momento, il meccanismo di indicizzazione all'inflazione). Il tetto veniva esteso ai dirigenti delle imprese pubbliche. Si tratta di una riduzione piuttosto consistente per i dirigenti apicali (di quasi il 25 per cento), meno consistente per me (7 per cento), visto che il mio stipendio di commissario era ben al di sotto di quello degli apicali.

Il numero di persone toccate da questa misura è stato abbastanza basso (qualche decina), ma si tratta comunque di un passo avanti. Perché non si è operata una riduzione più ampia in termini di soggetti coinvolti? Non lo so, ma forse si è pensato che sarebbe stato opportuno operare in modo più organico attraverso una revisione della struttura delle retribuzioni dei dirigenti pubblici, estremamente disomogenee da comparto a comparto. Per esempio, i presidi (per cui non ci sono fasce) hanno stipendi piuttosto bassi: in media meno di 67.000 euro lordi l'anno (dati del 2012), molto più bassi dei dirigenti di prima fascia ministeriali (181.000 euro). Anche all'interno dei dirigenti di prima fascia ci sono grosse differenze: al top ci sono i dirigenti degli enti pubblici non economici (240.000 euro), in fondo i dirigenti degli enti di ricerca (145.000 euro). I dirigenti non medici del Servizio sanitario nazionale (come era mio papà) non stanno benissimo, rispetto agli altri dirigenti naturalmente (74.000 euro). Insomma, come si diceva una volta, una vera giungla retributiva.

La legge delega sulla riforma della pubblica amministrazione si pone come obiettivo anche una rivisitazione della struttura delle retribuzioni dei dirigenti pubblici, con l'obiettivo strategico di legarle in modo chiaro a misure di performance, cosa che non si è finora riusciti a fare (e che si dovrebbe invece fare per tutti i dipendenti pubblici; vedi ultima sezione di questo capitolo). Speriamo sia la volta buona, per usare un termine che non ho inventato io. Inevitabile, in questo contesto, mettere mano anche alla questione del possibile licenziamento. I dirigenti licenziati ogni anno sono al momento pochissimi. Al tempo stesso non si premia adeguatamente quelli che si dedicano in modo esemplare al proprio lavoro. Ne ho conosciuti tanti nel mio anno come commissario.

Vorrei concludere questa sezione con un suggerimento che ritengo molto importante. Si deve prevedere – e la riforma della pubblica amministrazione ne fornisce l'opportunità – la riassegnazione obbligatoria dei dirigenti pubblici dopo un certo numero di anni nello stesso incarico. È una pratica comune nel privato e, all'estero, anche nel pubblico. Riassegnare i dirigenti pubblici dopo qualche anno (cinque, sette?) nella stessa attività ha diversi vantaggi: contribuisce ad arricchirne il capitale umano, facilita lo scambio di esperienze, contribuisce al superamento di rivalità tra settori e, soprattutto, evita che si creino delle "rendite di posizione" che bloccano lo sviluppo di nuove idee e impediscono di rimediare a errori consolidati. Vi potrei fare qualche esempio di alcuni alti dirigenti che regnano nel proprio settore come dei signori medievali, ma mi sono fatto già troppi nemici a Roma...

Gli stipendi dei dipendenti pubblici

I dirigenti sono meno del 10 per cento del totale dei dipendenti pubblici. Guardiamo ora alla retribuzione di tutti i dipendenti pubblici. È cosa nota che i contratti sono bloccati dal 2010. Come strumento di contenimento della spesa pubblica, non si sono fatti nuovi contratti, ma ciò non vuol dire che non ci siano stati aumenti di stipendio per alcuni. All'interno del pubblico impiego esistono diversi comparti. La distinzione più importante è tra i dipendenti pubblici la cui retribuzione è determinata da un contratto (il grosso, cioè ministeri, enti pubblici, enti locali, sanità, scuola) e quelli che invece hanno aumenti determinati in assenza di una contrattazione (per esempio le forze di polizia o i magistrati). Sarebbe troppo complicato vedere come le retribuzioni dei vari comparti sono cambiate negli ultimi anni. Basterà dire che gli andamenti sono molto diversi fra i settori e che i risultati dei confronti dipendono molto dall'anno in cui inizia l'analisi (con un punto fermo però: che gli aumenti dei magistrati e delle autorità indipendenti sono stati tra i più elevati sia che si inizi il confronto dal 2007, sia che si inizi dal 2009). Vediamo invece più da vicino come la retribuzione media dei dipendenti pubblici è cambiata nel tempo.

È utile confrontare l'andamento della retribuzione dei dipendenti pubblici con quello dei dipendenti privati. Partiamo da una visione di lungo periodo. I dati Istat indicano che il rapporto tra retribuzione media dei dipendenti pubblici e retribuzione media dei dipendenti privati è stato, nella media degli ultimi trentacinque anni, intorno a 1,28. In altri termini, nella media di questo periodo i lavoratori pubblici hanno avuto una retribuzione media del 28 per cento superiore a quella dei lavoratori privati. Non si tratta necessariamente di un'anomalia perché non è un confronto omogeneo tra lavoratori che hanno le stesse funzioni, grado di istruzione eccetera. Se guardiamo agli altri paesi, troviamo che in media gli stipendi pubblici sono più alti di quelli privati anche se, per lo meno negli ultimi anni, il gap non è così elevato come nella media storica italiana (per esempio, in Francia nel 2010 il rapporto è pari a 1,11). Solo nel Regno Unito gli stipendi pubblici sono in media più bassi di quelli privati (il che spiega in parte perché questo paese si può permettere un numero piuttosto elevato di dipendenti pubblici, come abbiamo visto in precedenza).

Guardiamo all'andamento nel tempo del rapporto tra stipendi pubblici e privati in Italia. La cosa forse più interessante è che questo rapporto non presenta in questi trentacinque anni una tendenza (un *trend*) verso l'alto o verso il basso. Si notano invece dei cicli: ci sono periodi in cui il rapporto è più alto che nella media trentennale e altri in cui è più basso.[5] Se guardiamo, in particolare agli anni più recenti, vediamo che, dal 2000 gli stipendi dei dipendenti pubblici sono aumentati più rapidamente di quelli privati: il rapporto tra i due settori sale ininterrottamente dal 2000 al 2006, quando raggiunge uno dei livelli più alti (oltre 1,35) degli ultimi trentacinque anni. Il rapporto resta su questi livelli fino al 2010, quando comincia a scendere. Questo significa che il blocco dei contratti è iniziato quando gli stipendi dei dipendenti pubblici erano a un livello storicamente molto alto rispetto a quelli dei dipendenti privati. Si è trattato quindi in parte di un aggiustamento fisiologico.

Che cosa succede dopo il 2010? Con il blocco dei contratti e un rallentamento anche negli altri elementi di dinamica salariale (quali gli scatti automatici in certi settori), il rapporto tra stipendi pubblici e privati comincia a scendere, e si stima che nel 2014 si sia attestato intorno all'1,23-1,24. È stato raggiunto quindi un livello inferiore a quello della media del periodo. Non si tratta però di un minimo storico. Valori più bassi, intorno all'1,20, si erano raggiunti in altre fasi di aggiustamento dei conti pubblici, a metà degli anni ottanta e degli anni novanta. Quindi, in considerazione della fase ancora difficile dei conti pubblici italiani, non sembra che la decisione del governo di continuare il blocco dei contratti nel 2015 sia ingiustificata, anche alla luce del livello di inflazione negativo registrato in Italia all'inizio del 2015.

Guardando in avanti, occorrerà ovviamente riconsiderare la questione del rinnovo dei contratti, ma occorrerebbe anche rivedere l'intera struttura della retribuzione dei dipendenti pubblici attualmente troppo complessa e con differenze tra settori difficili da comprendere. Sarebbe soprattutto necessario introdurre nel settore pubblico migliori strumenti di premialità. In altri termini, anche nel settore pubblico occorre introdurre un legame tra gli aumenti di stipendio e gli aumenti di produttività. Questo legame va introdotto per tutti i dipendenti pubblici, non solo per i dirigenti. Questi ultimi, infatti, possono motivare al meglio i propri dipendenti solo se sono in grado di premiare chi lavora meglio e penalizzare chi non lavora.

9.
Intermezzo: le mancette

Questo è un microcapitolo che si occupa di microspese, quegli stanziamenti di risorse contenuti in leggi e leggine per importi modesti che vanno a beneficio di interessi locali, piccoli enti pubblici e privati, piccole iniziative. Il termine derogatorio è "mancette" (qualcuno rimpiazza la *n* con una *r* e ci aggiunge anche una *h* dopo la *c*). Attirano l'attenzione dei media e dell'opinione pubblica perché è difficile motivarle con un interesse generale.

Facciamo qualche esempio per capire di che si parla. Vorrei chiarire che non si tratta necessariamente di esempi di spreco, ma di esempi di piccole spese per finalità specifiche:

- due milioni assegnati per il triennio 2014-2016 per la fondazione La Grande Brera, un'associazione culturale di Milano;
- centomila euro assegnati per il 2015 per la promozione di manifestazioni fieristiche nel Friuli Venezia Giulia;
- un milione e mezzo nel 2015 e nel 2016 per promuovere la conoscenza degli eventi della Prima guerra mondiale in favore delle future generazioni;
- trentaquattromila euro all'anno per il triennio 2014-2016 a favore della Società di studi fiumani; altri trentaquattromila all'Istituto regionale per la cultura istriano-fiumano-dalmata;

- otto milioni e trecentomila nel 2015 e 2016 da assegnare alle regioni per il miglioramento genetico del bestiame, con particolare riferimento alla tenuta del libro genealogico e ai controlli funzionali;
- diecimila euro al Comune di Sassocorvaro per l'erogazione del premio annuale "Arca dell'Arte";
- cinquantacinquemila euro per la promozione e l'attuazione dell'accordo relativo alla creazione nel Mediterraneo di un santuario dei mammiferi marini;
- trentatremila euro a favore dell'Associazione nazionale vittime civili di guerra;
- cinquecentosettantamila euro a favore della Società internazionale per lo studio del Medioevo latino;
- sette milioni e mezzo per il 2015 e il 2016 per la Veneranda Fabbrica del Duomo di Milano.

Il fenomeno delle microspese esiste in molti altri paesi. Negli Stati Uniti è chiamato "pork barrel spending" (un termine suggestivo, anche se la sua origine storica non è chiarissima) e termini simili sono usati in altri paesi (Wikipedia ve ne offre una buona selezione se cercate "pork barrel spending"). Il che però non dovrebbe renderci più contenti.

Quanto è serio il problema in Italia? Da un punto di vista macroeconomico, non molto: la somma di queste spese è abbastanza piccola. Abbiamo fatto un censimento nel corso della Revisione della spesa individuando tutti gli esborsi fino a dieci milioni, inclusi nel bilancio dello stato per effetto di una qualunque norma di legge (e quindi non solo delle varie leggi di stabilità). Si arriva a circa 200 milioni (ricordatevi che le spese della pubblica amministrazione sono 700 miliardi), escludendo le spese di funzionamento (per esempio, piccoli importi per acquisti di beni e servizi).

Anche se non si tratta di spese elevate, c'è però una questione di principio, un problema che abbiamo già discusso rispetto alle auto blu. È difficile chiedere sacrifici sulle grandi voci di spesa se si sprecano soldi, anche per importi piccoli, per beneficiare interessi particolari.

C'è anche un problema di metodo, particolarmente rilevante dal punto di vista della Revisione della spesa. Esborsi di entità così modesta probabilmente servono effettivamente a soddisfare interessi particolari più che generali. L'ammontare stesso delle singole spese è così piccolo da rendere persino difficile valutarne l'utilità, in altri termini se sono soldi spesi bene o male. Spese di questo tipo dovrebbero quindi essere viste con un certo grado di scetticismo. L'onere della prova per giustificarne la validità dovrebbe essere particolarmente alto. Invece, proprio perché si tratta di spese piccole, finiscono spesso per essere approvate senza valutarne l'effettiva utilità (dal punto di vista dell'interesse generale).

Altri punti di metodo: per ogni spesa pubblica si dovrebbe indicare qual è la finalità, ossia cosa si cerca di ottenere in termini abbastanza precisi. Si dovrebbe anche andare a verificare ex post se i risultati sono stati ottenuti sulla base di indicatori di risultato (si veda in proposito l'ultimo capitolo). Ma queste voci sono talmente minime in alcuni casi da renderne impossibile (o troppo costosa) una valutazione ex post.

Infine, queste spese non dovrebbero comunque rientrare nella Legge di stabilità. Va contro i princìpi della preparazione del bilancio dello stato fissati dalla legge 196 del 2009 (la legge di contabilità e finanza pubblica), che dice (articolo 11, comma 3): "La legge di stabilità contiene esclusivamente norme tese a realizzare effetti finanziari con decorrenza nel triennio considerato dal bilancio pluriennale. Essa non può contenere norme di delega o di carattere ordinamentale ovvero organizzatorio, né interventi di natura localistica o microsettoriale".

Mi sembra chiaro: "Né interventi di natura localistica o microsettoriale". L'inappropriatezza di includere queste spese nella legge di stabilità è stata denunciata in passato.[1] Intervenire ex post per l'eliminazione di stanziamenti derivanti da leggi precedenti è ovviamente un po' più difficile, anche se si potrebbe e si dovrebbe fare. Ma occorre almeno chiudere il rubinetto. Nella Legge di stabilità per il 2015 i microstanziamenti si sono ridotti in modo drastico (quasi tutti gli esempi sopra citati derivano da leggi precedenti), anche se qualcuno è rimasto. Gli stanziamenti di importo fino a 10 milioni erano 94 nella Legge di stabilità per il 2014. Si sono ridotti a 38 nella Legge di stabilità per il 2015. È un calcolo abbastanza meccanico, ma che suggerisce che è stato fatto un passo avanti sul fronte della riduzione delle "mancette", anche tenendo conto che non tutti gli esborsi piccoli necessariamente lo sono.

10.

L'insostenibile leggerezza dei costi della politica

Temo che questo capitolo possa deludere molti. Non posso, infatti, rivaleggiare con chi ha affrontato l'argomento in passato, documentando casi di privilegi ingiustificati di cui godono, o godevano, i politici e chi sta intorno a loro. Libri come *La Casta* di Sergio Rizzo e Gian Antonio Stella hanno largamente contribuito a puntare l'attenzione dell'opinione pubblica su questi privilegi. Inutile ripetere il loro lavoro. Questo capitolo guarda ai costi della politica da un diverso punto di vista: come in altre parti del libro, seguo prevalentemente un approccio macroeconomico, con l'intenzione di valutare la dimensione globale del problema più che di fornire esempi di privilegi specifici.

Chiariamo innanzitutto cosa intendo per "costi della politica". Il capitolo riguarda essenzialmente il costo di funzionamento di diversi organi della pubblica amministrazione che hanno una natura "politica" – organi quindi che prendono decisioni di carattere generale che influiscono sul comportamento delle pubbliche amministrazioni – sia a livello centrale (essenzialmente organi costituzionali e a rilevanza costituzionale) sia locale (consigli e giunte regionali, provinciali e comunali). Questi costi includono gli stipendi non solo dei politici, ma anche dei dipendenti pubblici che lavorano per questi organi (per esempio i dipendenti di Camera e Senato). Il perimetro specifico di questo capitolo è definito in modo non del tutto rigoroso:

non intendo certo dare una definizione esatta di quello che può essere definito organo "politico" dal punto di vista del diritto pubblico. Per esempio, in questo capitolo non si parla dei costi della presidenza del Consiglio, spesso inclusa tra gli organi costituzionali, ma che nei lavori della Revisione della spesa è stata assimilata a un ministero.

Il costo complessivo della politica, in questa definizione specifica, ammontava nel 2013 a circa 5 miliardi, più o meno equamente distribuiti tra organi centrali e organi territoriali. Si tratta di una cifra piuttosto bassa, "leggera" rispetto al totale della spesa pubblica primaria (lo 0,7 per cento). La debolezza della finanza pubblica italiana non dipende certo quantitativamente da queste spese, come alcuni sostengono. Ma qualitativamente queste spese sono importanti perché lo spreco di risorse pubbliche risulta particolarmente pesante da digerire quando riguarda i privilegi di chi gestisce quelle risorse.

In una breve sezione finale il capitolo discute anche la questione del finanziamento pubblico ai partiti. Ma andiamo per ordine, cominciando dagli organi politici centrali.

Gli organi costituzionali e a rilevanza costituzionale

Non chiedetemi una precisa definizione di organo costituzionale e di organo a rilevanza costituzionale. Ci sono manuali di diritto pubblico che lo spiegano molto bene. In questo capitolo il termine "organi costituzionali" include la presidenza della Repubblica, la Camera, il Senato e la Corte costituzionale. Il termine "organi a rilevanza costituzionale" include invece il Consiglio superiore della magistratura, il Consiglio di stato (e le sue diramazioni regionali, i tribunali amministrativi regionali, o Tar), la Corte dei conti e il Cnel (tralascio i piccoli Consiglio supremo della difesa e il commissario dello stato per la Regione Siciliana).

L'inclusione nella Revisione della spesa degli organi costituzionali è stata un po' forzata perché il lavoro del commissario era di consigliare il governo e il governo non ha la possibilità diretta di intervenire sulla spesa di questi organi, neppure con proposte di legge, perché essi hanno una completa autonomia di bilancio (talvolta si parla di "autodachia" finanziaria), in altri termini: decidono loro quanto spendere. Per cui il massimo che il governo può fare è sollecitare una riduzione degli esborsi. Questo in linea di principio. In pratica, un accordo a livello politico può sempre essere trovato (come vedremo nell'ultima sezione di questo capitolo riguardo ai tagli introdotti con il decreto legge 66 del 2014).

Le spese complessive degli organi costituzionali e a rilevanza costituzionale, nel 2013, erano di circa 2 miliardi e 700 milioni. La cosa che più balza all'occhio guardando l'andamento della spesa di questi organi negli ultimi anni è che è rimasta sostanzialmente invariata in termini di euro (rispetto al 2009), mentre nello stesso periodo la spesa delle altre amministrazioni pubbliche (esclusi gli enti previdenziali e sanitari) scendeva di circa il 7 per cento. Questa invarianza della spesa vale anche dopo aver depurato le cifre degli organi in questione per le pensioni di ex dipendenti e politici (che sono incluse, come vedremo, nei bilanci di questi organi, mentre non lo sono nella spesa delle altre amministrazioni).

Prima di proseguire, occorrono alcuni chiarimenti sulla natura dei dati cui ho fatto riferimento e che sono stati in parte contestati da alcuni organi costituzionali:

- Si tratta di dati Istat che fanno riferimento alle spese di questi organi, non a quanto essi hanno ricevuto dallo stato in un certo anno (la "dotazione finanziaria"). Se in certi anni le dotazioni non sono state spese interamente, si creano riserve utilizzabili per mantenere più elevata la spesa anche in presenza di una riduzione delle dotazioni. A me sembra più importante fare riferimento a quanto effettivamente viene speso, perché sono i tagli nella spesa effettiva a determinare il "sacrificio" realmente fatto in un certo anno. In altri termini, aver dato troppe risorse in passato rispetto alla spesa effettiva non giustifica un maggior esborso oggi.

- Ho descritto sopra l'andamento della spesa dal 2009 al 2013. Rispetto al picco raggiunto nel 2011 c'è stata una riduzione nella spesa degli organi costituzionali (particolarmente rilevante per la Camera) e a questa riduzione si sono talvolta riferiti alcuni esponenti di tali organi per contestare la tesi che non erano stati fatti tagli.[1] È vero quindi che ci sono stati risparmi, ma è anche vero che il processo di riduzione della spesa è iniziato più tardi che per il resto dell'amministrazione centrale ed è stato, almeno fino al 2013, meno forte. È comunque apprezzabile che, nel periodo più recente, anche gli organi costituzionali abbiano ridotto la propria spesa.
- Occorre anche tener presente che l'invarianza della spesa in termini di euro nel 2013 rispetto al 2009 sottovaluta lo sforzo fatto, perché mantenere la spesa costante in termini di euro quando c'è inflazione comporta comunque un risparmio in termini di potere d'acquisto (ne avevamo accennato nel capitolo 1). L'invarianza della spesa tra il 2009 e il 2013, però, comporta che questi organi avessero risparmiato meno del resto della pubblica amministrazione, il che non stupisce tenendo conto dell'autonomia di bilancio di cui godono.

Alla luce di questi andamenti comparati, la Revisione della spesa proponeva un risparmio sulla spesa degli organi costituzionali di qualche centinaio di milioni, in modo da riportarla in linea, nel giro di tre anni, con la riduzione osservata per le altre amministrazioni dal 2009.

Guardiamo ora un po' più da vicino i bilanci di questi organi (senza avere la pretesa di una trattazione esaustiva), cominciando da quelli più grandi.

Camera e Senato

La spesa di Camera e Senato è di circa un miliardo e mezzo, due terzi dei quali per la Camera e un terzo per il Senato. È tanto, è poco? I confronti internazionali sono difficili perché spesso le definizioni non sono omogenee, per esempio nell'includere o meno le spese per le pensioni degli ex parlamentari e del personale in quiescenza (che nel caso italiano rappresentano un terzo della spesa totale di Camera e Senato).

Detto questo, nel Regno Unito la House of Commons e la House of Lords (i cui conti includono le spese per le pensioni) costano circa 500 milioni di sterline, o 675 milioni di euro al cambio attuale, quindi meno della metà di Camera e Senato. Secondo il Global Parliamentary Report delle Nazioni Unite (Undp), il costo del Parlamento in Germania è intorno ai 670 milioni di euro, al di sotto di quello italiano anche escludendo le spese per le pensioni. In Francia il costo è di circa 900 milioni, anche questo più basso pur escludendo il costo delle pensioni. Insomma, sembra che il Parlamento italiano sia abbastanza oneroso.

Qual è il problema? Partiamo dallo stipendio dei deputati. Anche qui i confronti sono difficili, tanto è vero che la Commissione Giovannini (allora presidente dell'Istat), che era stata incaricata di confrontare in modo rigoroso gli stipendi dei parlamentari in Europa, gettò la spugna nell'aprile del 2012.[2] Dati che mi sono stati forniti dalla Camera (aggiornati al gennaio 2014) indicano che l'indennità lorda dei deputati italiani è intorno ai 10.000 euro al mese, quella dei colleghi francesi intorno ai 7000 euro, quella dei tedeschi un po' più alta (8000 euro) e quella dei britannici è intorno ai 6500 euro. Al netto delle tasse, sempre secondo i dati fornitimi dalla Camera, sono tutti intorno ai 5000 euro. Se però si includono diaria, spese di viaggio, spese di segreteria, spese telefoniche e, in Italia, il rimborso spese esercizio mandato, da noi il costo netto diventa di nuovo più elevato di circa un 30 per cento rispetto alla media degli altri tre paesi.

Più facile è il confronto sul numero dei parlamentari, che in Italia appare effettivamente più elevato. Tra Camera e Senato ce ne sono 945, contro i 535 degli Stati Uniti, i 650 del Regno Unito (non includo la House of Lords, perché i Lords non ricevono uno stipendio ma solo il rimborso di alcune spese) e i 691 della Germania (anche tenendo conto dei 69 membri, non eletti direttamente, del Bundesrat). Solo in Francia il numero si avvicina a quello italiano, anche se rimane più basso (918). Il confronto è ancora più sbilanciato a sfavore dell'Italia se si tiene conto della dimensione della popolazione. Insomma, una riduzione del numero dei parlamentari, cosa che si otterrebbe con la riforma del Senato ora in corso di approvazione, sembrerebbe appropriata dal punto di vista della revisione della spesa.

Un'altra questione è quella degli stipendi del personale, che rappresentano oltre il 40 per cento delle spese del Parlamento (la spesa per il personale arriva a quasi la metà del totale comprendendo le pensioni). La retribuzione media lorda dei dipendenti della Camera è di circa 188.000 euro contro i 106.000 dei dipendenti della Banca d'Italia. La questione è ben nota, quindi non mi dilungo ulteriormente tranne che per rinviare all'ultima sezione per vedere cosa è stato fatto in proposito nel 2014.

Ci sono poi le spese per acquisti di beni e servizi, compresi gli affitti per gli immobili. Ma di questo, devo dire, non ho fatto in tempo a occuparmi come commissario. Sembra vedersi qualche progresso, anche nel mettere in comune alcuni servizi tra Camera e Senato, sfruttando quindi le possibile sinergie. Speriamo bene.

Un'ultima parola per le spese pensionistiche, incluse, come ho detto, nei bilanci di Camera e Senato. Con la riforma entrata in vigore a inizio 2012 sono stati aboliti i vitalizi ed è stato introdotto il metodo contributivo, che consente di percepire la pensione tra i 60 e i 65 anni (a seconda della durata del mandato). Questo vale per tutti i parlamentari che hanno cessato il mandato ma che ancora non percepiscono la pensione. Si è anche introdotto un taglio, sebbene non elevatissimo, ai vitalizi già in erogazione. Il metodo contributivo è definito come "sostanzialmente analogo a quello vigente per i dipendenti pubblici" (dal sito della Camera dei deputati). Non ho però mai avuto il modo di chiarire cosa significasse quel "sostanzialmente".

Presidenza della Repubblica

Il primo bilancio del Quirinale a essere reso pubblico è stato quello del 2013, un passo avanti in termini di trasparenza. Inoltre, l'azione di contenimento delle spese iniziata con il settennato del presidente Napolitano ha consentito di ottenere dei risparmi, per esempio una riduzione del personale di circa 500 unità (il personale era di 2181 unità a fine 2006, in parte però gravanti sui bilanci delle amministrazioni di appartenenza di chi era distaccato).

Il bilancio del Quirinale è di circa 250 milioni, circa 160 milioni al netto della spesa per le pensioni. Anche qui i confronti per vedere se è tanto o poco non sono facili, non solo per via della spesa per le pensioni, ma anche per il diverso ruolo che viene svolto dal presidente della Repubblica nei vari paesi. È opinione comune che il Quirinale sia ancora molto costoso rispetto agli altri paesi, nonostante i risparmi ottenuti. Si fa spesso il confronto con il costo di Buckingham Palace per il contribuente britannico (circa 50 milioni di euro), ma il ruolo della regina non è lo stesso del presidente italiano. Questa volta non mi addentro quindi in un confronto. Fatto sta che la spesa del Quirinale è costituita soprattutto da stipendi e pensioni. Per queste ultime si è proceduto a inizio 2012 a una riforma simile a quella già menzionata per Camera e Senato. Per gli stipendi sembrerebbe necessario provvedere anche qui in linea con i tetti introdotti per il Parlamento (è stato introdotto il tetto di 240.000 euro lordi per i vertici ma nessuno a livelli inferiori, come fatto per i dipendenti di Camera e Senato, vedi più avanti).

Gli altri organi costituzionali e a rilevanza costituzionale

Il più piccolo tra gli organi costituzionali è la Corte costituzionale, con spese di una sessantina di milioni (compresi una ventina di milioni di pensioni corrisposte a giudici costituzionali e all'ex personale). Anche in questo caso il primo bilancio pubblicato è quello del 2013. I dati Istat danno anche in questo caso un andamento delle spese tendenzialmente piatto dal 2009, senza risparmi sostanziali in euro.

La Revisione della spesa non ha considerato da vicino le spese della Corte, ma l'invarianza della spesa negli ultimi anni è in questo caso dovuta all'aumento della spesa per le pensioni (al netto della quale la spesa si è ridotta di circa il 10 per cento). Alcuni aspetti della gestione della Corte suggeriscono tuttavia l'esistenza di spazi per ulteriori risparmi. Un aspetto di importanza quantitativamente limitata ma qualitativamente rilevante riguarda, ancora una volta, gli stipendi. I quindici giudici della Corte costituzionale percepiscono una retribuzione lorda di circa 450.000 euro (quella del presidente, però, è del 20 per cento più alta), più del doppio della retribuzione dei giudici della Corte costituzionale americana, britannica e canadese. Ogni giudice dispone di una macchina blu che può tenere fino a un anno dopo la scadenza del proprio mandato. Si tratta di una riduzione di spesa rispetto al passato, perché fino a qualche anno fa la macchina veniva mantenuta a vita.

La spesa degli organi a rilevanza costituzionale si è ridotta dal 2009 in linea più o meno con quella dello stato. La Corte dei conti spende ora circa 250 milioni, Consiglio di stato e Tar si aggirano intorno ai 150 milioni. Il Consiglio superiore della magistratura intorno ai 30 milioni. Più piccolo il Cnel – da molti considerato inutile – i cui costi sono stati pesantemente ridotti a partire dal 2012. La riforma costituzionale in corso di approvazione in Parlamento ne prevede l'abolizione.

I costi della politica in regioni, province e comuni

Sui costi della politica per regioni, province e comuni posso essere breve, visto che l'ottimo rapporto del gruppo di lavoro della Revisione della spesa è stato pubblicato sul sito del responsabile del gruppo, Massimo Bordignon.

Poche parole sulle province solo per ricordare che la legge Delrio, approvata in Parlamento sotto il governo

Renzi ma presentata dal governo Letta, è già intervenuta per tagliare i costi della politica del settore con un risparmio tra organi istituzionali e costo delle elezioni di circa 150 milioni a regime (già nel 2014 i risparmi sono stati di circa 100 milioni derivanti dalla mancata elezione dei consigli provinciali nelle province in cui erano in scadenza).

Passiamo ai comuni. Il Rapporto Bordignon includeva come "costi della politica" a livello comunale il costo delle indennità degli amministratori locali, il costo di funzionamento degli organi istituzionali e le spese definite accessorie (rimborsi per oneri dati ai datori di lavoro, spese degli organi di controllo eccetera). Il totale della spesa era stimato a 1143 milioni nel 2012 senza contare i comuni delle regioni a statuto speciale del Nord. Arrotondiamo quindi a 1200 milioni almeno. Le azioni di risparmio proposte includevano la fusione di comuni al di sotto di una certa soglia di popolazione, la riduzione del numero di assessori e consiglieri comunali del 20 per cento, l'eliminazione dell'indennità di fine mandato dei sindaci (che è pari a un anno di mensilità di carica per ogni anno di esercizio) e la riduzione degli emolumenti degli amministratori locali. Il risparmio (assumendo la fusione dei comuni al di sotto dei 10.000 abitanti) era stimato a circa 250 milioni a regime (cioè tenendo conto anche dei risparmi sul personale per il funzionamento degli organi istituzionali).

La stima dei risparmi possibili nel lavoro di Revisione della spesa ha anche seguito approcci alternativi a quelli sopra citati, cercando in particolare di distinguere tra comuni che già spendevano poco per il funzionamento dei propri organi e comuni meno virtuosi. Si è in particolare valutato il risparmio ottenibile applicando il principio dei costi standard alle spese per indennità e rimborsi dei consigli comunali (i risparmi che si avrebbero se i comuni che spendono più della media per classe dimensionale spendessero come la media). In questo modo si sono identificati possibili risparmi, distribuibili in modo non lineare, pari a circa 100 milioni.

Consideriamo ora le spese della politica a livello regionale. Il Rapporto Bordignon stima una spesa al 2012 di poco più di un miliardo per la remunerazione diretta dei consiglieri regionali, per i contributi ai gruppi politici, per il personale che fa funzionare gli organi istituzionali e per i famosi vitalizi dei politici regionali (questi ultimi valgono circa 170 milioni l'anno). La distribuzione delle spese è ancora una volta molto disomogenea sul territorio nazionale. Le spese pro capite sono più basse al Nord (13,15 euro per abitante), salgono al Centro (23,79 euro) e al Sud (25,44 euro) tra le regioni a statuto ordinario. Sono ancora più alte per le regioni a statuto speciale (32,92 euro), escludendo la Valle d'Aosta (113,25 euro). Anche in questo caso la posizione relativa delle varie regioni riflette la loro dimensione in termini di abitanti (regioni più piccole hanno in genere spese pro capite più alte nella gestione dei consigli regionali perché esistono costi fissi che non dipendono dalle loro dimensioni). Ma, come notato in altri capitoli, anche in questo caso rileviamo che le spese pro capite al Nord sono generalmente più basse anche tenendo conto del fattore dimensione. Per esempio, la Campania, la più virtuosa delle regioni del Sud, ha una spesa di 11,51 euro contro i 10,63 euro e i 7,79 euro rispettivamente di Veneto ed Emilia-Romagna, che sono più piccole. E la Calabria, la peggiore regione del Sud, sempre tra quelle a statuto ordinario, ha spese doppie (40,30 euro) rispetto a quelle della peggiore regione del Nord (la Liguria con 20,76 euro), pur essendo più grande.

Dal 2012, anno cui questi dati si riferiscono, le spese sono state ridotte in conseguenza del decreto legge 174 del 2012 emanato dal governo Monti, che riduceva il numero dei consiglieri regionali e la loro remunerazione, senza però intervenire sul costo di funzionamento degli organi istituzionali. Il Rapporto Bordignon stimava che queste misure avrebbero portato a un risparmio lordo di circa 160 milioni (a regime, cioè una volta rinnovati tutti i consigli regionali), quindi del 16 per cento della spesa per la politica regionale, e proponeva nuove misure per ulteriori risparmi pari a 110 milioni. Queste misure includevano, tra le altre cose, un'ulteriore riduzione del numero dei consiglieri, un ricalcolo dei vitalizi in essere e l'eliminazione della diaria per consiglieri, assessori e presidente della giunta. Il rapporto però indicava anche che una piena applicazione del principio dei costi standard al finanziamento della politica locale avrebbe potuto portare in prospettiva a una riduzione della spesa di funzionamento della politica regionale a circa 400 milioni l'anno contro i circa 1000 del 2012.

Il finanziamento pubblico ai partiti

Solo una breve nota sul finanziamento pubblico ai partiti. Questo è stato eliminato dal decreto legge 149 del 2013. La spesa di 91 milioni per il 2013 si azzererà entro il 2017. Il finanziamento ai partiti sarà lasciato alla decisione dei cittadini che potranno contribuire attraverso donazioni (con beneficio di detraibilità di imposta) o con l'assegnazione del 2 per mille della propria Irpef. Ovviamente, queste norme comportano una perdita per la finanza pubblica in termini di gettito fiscale, anche se relativamente contenuta. Il Rapporto Bordignon proponeva, rispetto al testo finale approvato in Parlamento, di anticipare l'eliminazione del finanziamento diretto (quindi con un risparmio di breve periodo ma non di lungo) e di eliminare la norma che comportava una maggiore spesa a carico dello stato qualora le risorse disponibili tramite donazioni fossero inferiori a quelle previste (in questo modo si sarebbe evitato che possibili risparmi, derivanti da una minore perdita di gettito, fossero compensati da una maggiore spesa).

Come si è intervenuto nel 2014 per ridurre le spese

Nel 2014 diverse misure hanno contribuito a una riduzione dei costi della politica come definiti in questo capitolo.

Il decreto legge 66 del 2014 ha previsto un contributo addizionale degli organi costituzionali (concordato con questi, vista la loro autonomia finanziaria) di 50 milioni per quello stesso anno (e quindi non esteso al 2015). Per contribuire a risparmi futuri, a settembre 2014 Camera e

Senato hanno però introdotto dei tetti alla retribuzione dei propri dipendenti, in linea con il tetto dei 240.000 euro introdotto dal decreto legge 66 del 2014 per gli altri dipendenti della pubblica amministrazione. L'aspetto positivo è che sono previsti anche tetti a livello inferiore per le varie posizioni dei dipendenti del Parlamento (si tratta quindi essenzialmente di un taglio generalizzato delle retribuzioni). Quello meno positivo è che i tagli sono introdotti molto gradualmente arrivando a regime solo a inizio 2018. Inoltre, sono esclusi dal tetto indennità e contributi sociali versati dal dipendente (per gli altri dipendenti della pubblica amministrazione il tetto dei 240.000 euro li include). Si tratta quindi di un importante passo avanti – e certo non facile da far digerire alle venticinque sigle sindacali esistenti tra Camera e Senato – ma l'anomalia del livello delle retribuzioni dei dipendenti del Parlamento non è stata del tutto eliminata.

Oltre ai tagli che hanno riguardato i trasferimenti dallo stato agli organi a rilevanza costituzionale, la legge di riforma costituzionale presentata nel 2014 prevede anche la soppressione del Cnel, ma ci vorrà un po' di tempo per la sua approvazione finale.

A livello degli enti territoriali, la riforma più importante è stata quella delle province che, come ho detto, a seguito della mancata elezione degli organi istituzionali in scadenza, ha già comportato un risparmio per il 2014 di un centinaio di milioni. Il già citato disegno di legge di riforma costituzionale in discussione in Parlamento include un tetto alla retribuzione dei presidenti e dei consiglieri regionali (pari alla retribuzione dei sindaci dei capoluoghi di regione). Inoltre, il contributo richiesto dal decreto legge 66 e dalla Legge di stabilità (soprattutto) alle regioni probabilmente comporterà riduzioni anche ai costi per la politica, sebbene non sia chiaro di quanto. Uno sviluppo positivo è costituito dalla decisione di alcune regioni (la Lombardia, il Lazio) di tagliare i vitalizi in essere, anche se per importi relativamente modesti. Va però segnalato che 54 ex consiglieri lombardi hanno fatto ricorso al Tar. Si attendono ulteriori notizie.

11.

I soldi alle imprese

Coraggio, che questo è un capitolo difficile. Lo dico a me che lo sto scrivendo e a voi che lo state leggendo. Il tema dei trasferimenti dalle pubbliche amministrazioni alle imprese è complicato sia in termini concettuali, sia in termini di numeri. I trasferimenti alle imprese non sono una cosa omogenea, ce n'è di ogni tipo e occorre stare attenti. Eppure, se chiedete a un economista quale spesa pubblica eliminerebbe per prima, la risposta più probabile è proprio "i trasferimenti alle imprese". Essi alterano il funzionamento dei meccanismi di mercato. Eliminarli vuol dire mettere le imprese tutte allo stesso livello, non distorcere la concorrenza. Il che è vero, solo che le cose sono un po' più complicate, se viste da vicino.

Non fraintendete. Anch'io sono tra quelli che fra le cose da tagliare mettono al primo posto i trasferimenti alle imprese (persino Confindustria lo fa). Ma occorre chiarire a cosa ci si riferisce quando si parla di trasferimenti alle imprese per capire quanti possono essere effettivamente tagliati, anche nel breve periodo. Illustri economisti, coinvolti in prima persona in precedenti revisioni della spesa, si sono scontrati pubblicamente sul tema (si veda, per esempio, il lavoro di Giarda e Flaccadoro[1] in commento ai lavori di Giavazzi[2]).

Cosa sono i trasferimenti alle imprese?

Le risorse che nel 2013 le pubbliche amministrazioni italiane avevano stanziato per essere trasferite alle imprese ammontavano a circa 32 miliardi (2 per cento del Pil), più o meno ripartite equamente tra quelle trasferite dallo stato e quelle trasferite dalle regioni (e altri enti territoriali).

Non si tratta però sempre di sussidi, ovvero di trasferimenti senza una contropartita. Una parte rilevante è erogata in cambio di servizi prestati essenzialmente da imprese pubbliche (partecipate dallo stato o dagli enti locali) e di contributi per investimenti che le imprese pubbliche sono incaricate di realizzare per costruire infrastrutture (strade e ferrovie soprattutto). Solo una parte di questi trasferimenti è senza contropartita ed è volta a favorire attività economiche che le amministrazioni pubbliche ritengono degne di essere incentivate.

Questa differenza, fra trasferimenti con e senza contropartita, è essenziale. Nel caso di trasferimenti senza contropartita la domanda fondamentale è se esistano motivi validi per incentivare una certa attività economica. Nel caso di trasferimenti con contropartita, le questioni rilevanti sono se il servizio acquistato (o l'investimento finanziato) è effettivamente utile e se il prezzo pagato è quello giusto. Occorre quindi discutere questi due tipi di trasferimenti in modo separato. Ed evitare di pensare che tutta questa trentina di miliardi possa essere facilmente risparmiata. Ma i margini ci sono.

Prima di proseguire, bisogna però chiarire altre tre caratteristiche di questi 32 miliardi di spesa.

La prima è che non tutta questa spesa influisce sul deficit pubblico, come definito in termini di vincoli europei. Il motivo è che alcuni di questi trasferimenti non sono "spesa", bensì prestiti, seppure a tassi agevolati, oppure garanzie fornite su prestiti erogati da banche. Lo stato acquisisce un credito verso le imprese, che a un certo punto verrà ripagato: questi prestiti non aumentano quindi il debito netto dello stato e non creano un deficit (o, nella terminologia italiana, un indebitamento netto, il termine usato per indicare il deficit sottoposto al famoso vincolo europeo del 3 per cento del Pil). Stesso discorso per le garanzie: non contribuiscono direttamente al deficit. È importante perché tagliando questo tipo di trasferimento non si crea spazio, per ridurre, per esempio, le tasse o per aumentare altre spese.[3]

La seconda caratteristica è che, per un insieme di motivi che approfondiremo, non tutti i trasferimenti sono facilmente aggredibili: molti hanno cioè una limitata flessibilità nel breve periodo perché relativi a contratti stipulati in passato dalle pubbliche amministrazioni o perché toccano settori particolarmente sensibili (per esempio le aree terremotate).

La terza caratteristica è che, per una parte di questi trasferimenti, gli stanziamenti di bilancio (cioè la spesa potenziale che può essere effettuata) vengono decisi anno per anno. Per cui se si guarda all'anno successivo rispetto a quello in corso (e prima dell'approvazione del nuovo bilancio), queste spese sembrano sempre scendere magicamente. Tipicamente, però, gli stanziamenti vengono rinnovati nel nuovo bilancio. Per queste spese, quel che conta ai fini del risparmio è andare a vedere se nel nuovo bilancio esse sono più elevate rispetto all'anno prima (e non tanto se ci sono nuovi stanziamenti: se questi fossero inferiori a quelli dell'anno precedente non si tratterebbe di un aumento di spesa ma di una riduzione).

Ciò vale per i trasferimenti che stanno nel bilancio delle pubbliche amministrazioni. Ma ci sono altre due poste di cui occorre parlare.

La prima riguarda i cosiddetti fondi di tesoreria. Questi fondi (altri 15 miliardi circa, di cui 11 per incentivi di vario genere in contabilità speciale e 4 in contabilità per l'emergenza civile) non sono considerati in questo capitolo e non sono stati oggetto di un lavoro specifico nell'ambito della Revisione della spesa. Il motivo è che si tratta di una consistenza (e non di un flusso di spesa annuale) costituita quasi interamente da risorse destinate a prestiti (e quindi con scarso impatto sul deficit).

La seconda posta sono le cosiddette agevolazioni fiscali a favore delle imprese. Qui si va sul lato delle entrate e non della spesa e quindi, formalmente, non si tratta di poste che sarebbero dovute essere oggetto del mio lavoro di commissario. Tuttavia, economicamente le agevolazioni fiscali a favore di imprese hanno una natura molto simile alle spese per i trasferimenti (tanto che spesso ci si riferisce a queste agevolazioni come "spese fiscali"). Il motivo è semplice. Per favorire un gruppo di imprese lo stato può fare dei trasferimenti oppure può decidere che loro pagheranno meno tasse. L'effetto economico è lo stesso (in presenza di profitti o di altra base imponibile). In alcuni casi, la natura di trasferimento delle agevolazioni fiscali è riconosciuta esplicitamente nel bilancio dello stato: si erogano stanziamenti che servono a pagare le imposte dovute da certe imprese (si chiamano "crediti di imposta" e sono considerati nei 32 miliardi di trasferimenti alle imprese). In altri casi, però, non c'è alcun trasferimento esplicito: si decide che un gruppo d'imprese pagherà meno tasse. Si tratta delle agevolazioni fiscali, che non rientrano nella voce dei trasferimenti alle imprese e che formalmente non facevano parte della Revisione della spesa. Ma vista la loro prossimità economica, mi sono in parte occupato anche di queste, e ne discuterò brevemente nell'ultima sezione di questo capitolo. Prima però occupiamoci dei 32 miliardi di trasferimenti alle imprese, cominciando da quelli fatti dallo stato.

I trasferimenti dallo stato

Nel bilancio dello stato per il 2014 figuravano circa 16 miliardi e mezzo di spese classificabili come trasferimenti a imprese. Come sono composti e quanto facilmente sono aggredibili? Facciamo la lista.

Ci sono circa 5 miliardi e mezzo di trasferimenti a ferrovie, poste e Anas (e un po' ad altre imprese pubbliche) per contratti di servizio e investimenti da queste effettuati. Su questi, in particolare su quelli al settore ferroviario, torniamo nella sezione seguente.

Ci sono 2 miliardi di trasferimenti a imprese per forniture militari: queste sono propriamente spese per la difesa e sono già state discusse nel capitolo 4.

Quasi 2 miliardi e mezzo sono contributi che lo stato eroga per investimenti pubblici passati, anche in conto interesse, o correnti (il Mose, per esempio). Si potrà discutere della validità degli investimenti ma la spesa è comunque poco manovrabile nel breve periodo per effetto di impegni contrattuali preesistenti.

Ci sono quasi 800 milioni per i crediti di imposta (la detassazione) per le aree colpite da terremoti, difficilmente aggredibili, direi.

Ci sono circa 700 miliardi per fondi di garanzia per prestiti alle imprese la cui riduzione, per i motivi spiegati, non riduce il deficit e quindi non può essere utilizzata a copertura, per esempio, di minori tasse.

C'è mezzo miliardo per i crediti di imposta verso le banche. Qui la questione è molto complicata ma questa voce è difficile da tagliare senza creare grossi problemi di stabilità al sistema bancario.[4]

Restano come più facilmente aggredibili, e su questi si è concentrata l'attenzione della Revisione della spesa, circa 4 miliardi e mezzo. A chi vanno?

- Un po' più di 2 miliardi nel 2014 andavano al settore dei trasporti, il grosso all'autotrasporto, compresa una parte per la detassazione del diesel. Qui si capisce la delicatezza della questione. C'è il timore che, tagliando questi trasferimenti, i Tir blocchino l'Italia. Eppure si tratta di trasferimenti che, alla lunga, non fanno bene al paese: si incentiva il trasporto su gomma e si incentiva anche, probabilmente, un eccesso di trasporto. Perché dovrebbe essere il contribuente a pagare? C'è da notare però che, in effetti, il tiraggio di questa voce è stato inferiore alle cifre stanziate nel 2014. Peraltro, la recente discesa dei prezzi del petrolio fornisce un'occasione unica per ridurre questi trasferimenti: la riduzione del prezzo del greggio e del prezzo alla pompa che si è registrata dalla seconda metà del 2014 compenserebbe un possibile taglio del sussidio dato all'autotrasporto. E, in effetti, la Legge di stabilità per il 2015 prevede una riduzione di questi trasferimenti per un importo di oltre 400 milioni, un buon passo avanti.

- Circa 700 milioni vanno alle aree svantaggiate del paese. Qui occorrerebbe studiare da vicino se simili trasferimenti incentivino davvero lo sviluppo di queste zone. Molti economisti hanno dubbi in proposito.
- Segue poi l'agricoltura (400 milioni), che risulta anche beneficiare di elevatissime agevolazioni fiscali (vedi ultima sezione di questo capitolo).
- Un po' più di 300 milioni li riceve l'istruzione privata. Questo trasferimento resta per me un mistero, tenendo conto dell'articolo 33 della Costituzione, che recita: "Enti e privati hanno il diritto di istituire scuole ed istituti di educazione, senza oneri per lo stato". Mi si dice che quel "senza oneri per lo stato" significa che lo stato non è obbligato a trasferire risorse a scuole e università private, ma che può farlo se vuole. Mah! Resto perplesso.
- All'incirca lo stesso ammontare lo ricevono giornali e televisioni private (a livello locale). Anche in questo caso c'è da chiedersi se questi sussidi siano giustificati. Fra l'altro, una norma della Legge di stabilità per il 2014 ha stanziato più di 100 milioni (distribuiti su tre anni) per finanziare il prepensionamento dei dipendenti dei giornali. Per altre categorie di lavoratori, per esempio i bancari, i prepensionamenti sono stati finanziati dal settore interessato, non dallo stato.
- Poco più di 200 milioni vanno al cinema e allo spettacolo (cui si aggiungono gli ampi finanziamenti concessi dalle regioni). Certo, film come *La Grande Bellezza* hanno beneficiato di questi finanziamenti. Ma lo hanno fatto anche pellicole di minore qualità. E poi chi dice che *La Grande Bellezza* non sarebbe stato prodotto ugualmente, anche senza finanziamenti pubblici?
- Un centinaio di milioni va all'ippica ma qui mi dicono che non c'è nulla da fare: si tratta dei premi sulle scommesse, per cui eliminandoli, si eliminerebbero anche le entrate corrispondenti.
- Ci sono poi circa 200 milioni di trasferimenti vari

che sarebbero da guardare uno per uno, ma vi annoierei troppo. Tra questi, vale la pena di segnalare il contributo di 12 milioni per sovvenzionare le spese postali dei partiti politici, contributo che è stato eliminato con il decreto legge 66 di fine aprile 2014. Per fortuna.

- Come fanalino di coda ci sono i trasferimenti a favore della ricerca (un centinaio di milioni). È paradossale perché, a detta degli economisti che si sono occupati da vicino della questione, i trasferimenti a favore della ricerca e dello sviluppo sono gli unici che stimolano effettivamente l'attività economica (si veda il già citato lavoro di Giavazzi *et al.*, p. 12).

Avrete notato che, a parte qualche finanziamento per le aree disagiate e per interventi d'importo minore, il settore industriale italiano non riceve finanziamenti rilevanti dallo stato. Questo spiega perché Confindustria da tempo richieda il taglio dei trasferimenti ad alcune imprese per finanziare una riduzione della tassazione di tutte le aziende.

I trasferimenti alle Ferrovie

Come abbiamo visto, i trasferimenti alle imprese comprendono anche quelli a imprese pubbliche come Ferrovie, Anas e Poste. In questa sezione faremo un breve approfondimento sui trasferimenti alle Ferrovie, vista l'entità delle risorse in questione.

Il tema delle risorse che, a vario titolo, le pubbliche amministrazioni trasferiscono al sistema ferroviario ogni anno ha suscitato di recente notevole interesse. Due studi del professor Arrigo e del professor Di Foggia dell'Università Bicocca di Milano[5] mostrano che i trasferimenti dalle pubbliche amministrazioni (lo stato e le regioni) al sistema ferroviario negli anni novanta e nella scorsa decade sono stati di ben oltre il 50 per cento più elevati che nella media dell'Unione europea per chilometro di rete. Per "trasferimenti" si intendono (come nel resto di questo capitolo) tutte le risorse fornite a vario titolo, comprese quelle per effettuare investimenti, alle ferrovie. Le Ferrovie dello stato non hanno preso bene questi lavori (inizialmente era addirittura partita una denuncia, poi ritirata) sostenendo che i dati di Arrigo e Di Foggia esageravano il costo per la finanza pubblica dei trasferimenti alle Ferrovie, e che, in ogni caso, l'esistenza di trasferimenti non indicava necessariamente che le Ferrovie dello stato erano inefficienti, ma che veniva loro chiesto di fornire un servizio ai cittadini (un servizio che doveva essere remunerato) e di fare investimenti.

Dati fornitimi dal professor Arrigo, che tengono conto delle critiche sulla metodologia fatte dalle Ferrovie (dati di prossima pubblicazione), confermano però le conclusioni precedentemente raggiunte sull'eccesso dei trasferimenti italiani rispetto alla media degli altri paesi europei e indicano che l'eccesso viene mantenuto anche negli anni più recenti (almeno fino al 2013). Le Ferrovie dello stato hanno, sì, ragione nel dire che i lavori di Arrigo e Di Foggia non indicano necessariamente una loro inefficienza (nel senso che le Ferrovie potrebbero offrire gli stessi servizi a un costo più basso), ma non ho mai pensato che questa fosse l'implicazione dei loro lavori. Trasferimenti elevati possono essere richiesti per diversi motivi che non hanno a che fare con l'inefficienza nella produzione dei servizi da parte delle Ferrovie, ma denotano comunque un'anomalia.

Per esempio, si potrebbero fare investimenti non necessari: un caso spesso citato, anche perché si dice che le Ferrovie stesse avessero perplessità rispetto al progetto, è il cosiddetto "Terzo valico" (l'alta velocità tra Tortona-Novi Ligure e Genova, terzo valico degli Appennini liguri che già ne hanno due).[6] Altro esempio: l'Alta velocità in Italia è probabilmente la migliore d'Europa ma, per chilometro, ci è costata molto più che in altri paesi e chi ha guardato le cose da vicino ha concluso che, a parte le tratte più battute, l'investimento è scarsamente giustificabile.[7] Terzo esempio, se i biglietti ferroviari costano troppo poco, non si tratta di inefficienza di produzione, ma resta il fatto che l'utenza (anche quella che se lo potrebbe permettere) paga meno di quanto dovrebbe pagare per coprire i costi di produzione (un tema già discusso nel capitolo 7 con riferimento al trasporto pubblico locale).

Le Ferrovie dello stato stesse notano che le "tariffe [ferroviarie] (4,1 centesimi di euro per passeggero-km) [sono] meno della metà rispetto a quelle in Germania e Francia, e meno di un quarto di quelle medie in Gran Bretagna. In quel paese sono i viaggiatori a sostenere la quasi totalità del costo dei servizi".[8] Certo, si potrà obiettare che il servizio fornito in Gran Bretagna è migliore (anche se vi inviterei a percorrere certe tratte...), in ogni caso differenze di qualità non possono spiegare una tale diversità di tariffe.

Riassumendo, penso sarebbe opportuno chiedersi se il carico per il contribuente derivante dal sistema del trasporto ferroviario non sia eccessivo. Ridurlo potrebbe voler dire fare meno investimenti, anche per l'Alta velocità, e aumentare le tariffe, troppo basse rispetto ai nostri colleghi europei.[9] Comunque non si deve trascurare la possibilità che riduzioni dei costi di produzione veri e propri possano essere ulteriormente ottenuti, nonostante i progressi fatti negli ultimi anni.

È per questo che la decisione di ridurre nel 2015 i trasferimenti alle Ferrovie rispetto al 2014 per un importo di circa 400 milioni, come notato nel capitolo 1, sembra appropriata. Si tratta però di un taglio per il momento temporaneo visto che deve essere compensato per quest'anno da proventi da privatizzazioni. Sarebbe opportuno quindi se in questi mesi si rivedesse l'intera questione dei finanziamenti alle Ferrovie con l'obiettivo di rendere strutturalmente più contenute le necessità di trasferimenti dallo stato.

I trasferimenti alla Rai

I trasferimenti dallo stato alla Rai, essendo finanziati dal canone, non rientrano nei sopracitati 16 miliardi e mezzo dei trasferimenti alle imprese. Ma ne parlo comunque in questo capitolo perché si tratta di risorse che vanno a un'impresa pubblica e quindi sono potenzialmente fonte di risparmi. Alla Rai lo stato trasferisce il canone per intero, a parte quello che è successo nel 2014 (vedi più avanti).

Per la Rai esistono due problemi. Il primo è quello dei costi di gestione, che sembrano elevati. Il secondo è quello dell'evasione del canone, che è elevatissima.

Partiamo dai costi di gestione, chiarendo una cosa. Dal 2013 la Rai è riuscita a contenere i costi. Il risultato netto di esercizio è passato da una perdita di 245 milioni nel 2012 a un piccolo profitto (5 milioni) nel 2013. Nel bilancio della Rai però gli anni "dispari" sono in generale migliori di quelli "pari" per l'assenza di grandi manifestazioni sportive (Olimpiadi o Mondiali di calcio) per cui un confronto più omogeneo è con il 2011. E rispetto al 2011 non ci sono differenze (il profitto era stato di 4 milioni nel 2011). Quindi è ancora presto per cantare vittoria, anche se le previsioni per il 2014 erano relativamente favorevoli (era previsto un pareggio di bilancio anche in presenza di spese significative per i Mondiali di calcio, almeno al netto di operazioni una tantum, quali il taglio parziale dei trasferimenti del canone e la vendita parziale della società Rai Way inizialmente prevista per il 2014, vedi più avanti).

Resta però il fatto che diversi indicatori suggeriscono che ci siano spazi per significative ulteriori riduzioni dei costi, per lo meno nel medio termine. L'associazione Liguria Civica ha da tempo fatto circolare informazioni sul personale delle diverse reti televisive. La Rai ha 12.500 dipendenti contro i 4700 di Mediaset e i 4000 di Sky. Ha 1750 giornalisti contro i 300 di Mediaset e i 181 di Sky. Ha 700 dirigenti contro i 350 di Mediaset e i 120 di Sky. Sembra che si possa far meglio.

Un vincolo notevole alla riduzione dei costi deriva dall'obbligo legale per la Rai di avere sedi in ogni regione. Nel corso della Revisione della spesa ho proposto l'eliminazione di questo vincolo. Inizialmente il decreto legge 66 di fine aprile 2014 prevedeva che l'obbligo fosse sostituito da quello di avere informazione regionale (il che non richiede necessariamente sedi). Ma nella conversione in legge del decreto, è ritornato l'obbligo delle sedi. Scusate, come non detto.

Il secondo problema della Rai riguarda l'evasione del canone. Esso ammonta a circa 1800 milioni l'anno. Il tasso di evasione è stimato al 27 per cento, il che vuol dire che senza evasione l'incasso sarebbe di quasi 2500 miliardi, 700 milioni in più. Ci sono diverse proposte su come recuperare l'evasione. Si potrebbe fare come in Germania, dove il canone viene pagato per ogni abitazione. Si potrebbe pagare, come è stato suggerito da alcuni suscitando un vespaio politico, con la bolletta elettrica. Le proposte non mancano, ma ovviamente il punto è far pagare il canone agli oltre 6 milioni di famiglie utenti (e molti più potenziali votanti) che ora non pagano. Naturalmente se tutti pagassero il canone, questo potrebbe essere ridotto notevolmente a parità di entrate (potrebbe essere di poco più di 80 euro invece degli oltre 110 che gli onesti pagano attualmente).

Un'ultima osservazione sulla Rai: in generale, un recupero di risorse attraverso la riduzione dell'evasione del canone o la riduzione dei costi della Rai risulterebbe difficile da utilizzare per la riduzione della tassazione (o per spese produttive). La cosa ovvia sarebbe ridurre il canone. Nel 2014, tuttavia, si sono utilizzate risorse che erano previste essere recuperate una tantum dalla Rai (quelle relative alla vendita di Rai Way, la società che gestisce gli impianti di trasmissione) per finanziare il bilancio dello stato, evitando di trasferire all'azienda radiotelevisiva l'intero importo del canone incassato dallo stato.

I trasferimenti dalle regioni

Nel 2013 i trasferimenti alle imprese dalle regioni (e dagli altri enti territoriali) erano di circa 16 miliardi. Non è facile avere una stima di quanti siano stati, e persino di quanti erano previsti, nel 2014. Un problema fondamentale è che le regioni seguono presentazioni di bilancio diverse l'una dall'altra, per cui è difficile aggregare i dati guardando i bilanci di previsione. Ci deve mettere mano l'Istat. La diversità dei bilanci, e della contabilità, tra regioni è un problema serio (peraltro presente anche in altri paesi, come la Germania) e dovrebbe essere superato a partire dal 2015 con la legge che ha uniformato la contabilità regionale. Nel frattempo però restano difficoltà nel compiere confronti su dati specifici come i trasferimenti alle imprese.

Fatto sta, comunque, che una buona parte di essi sono trasferimenti a società partecipate (soprattutto nel settore dei trasporti). Sono cioè trasferimenti con contropartita. Il capitolo 7 sulle partecipate locali ha discusso come ridurre queste spese. Un'altra parte riguarda le spese cofinanziate dall'Unione europea. Se si tagliassero si perderebbe il contributo dell'Ue. Ciò non vuol dire che in quest'area non ci siano sprechi. Cattivi progetti dovrebbero però essere sostituiti da buoni progetti. La spesa resterebbe, tuttavia, invariata a meno di ridurre anche quello che si riceve dalla Unione europea.

L'importo dei trasferimenti a imprese senza contropartita e non finanziati dall'Unione europea previsto per il 2014 è di circa 2 miliardi, stimati sulla base di informazioni richieste direttamente alle regioni nel corso della Revisione della spesa. Questa è la parte più facilmente aggredibile, inclusi gli ampi finanziamenti che alcune regioni danno al cinema (basta guardare i titoli di coda di molti film italiani per rendersi conto quanto questi finanziamenti siano diffusi). È possibile che, in conseguenza del contributo richiesto alle regioni nel 2014 (e nella Legge di stabilità per il 2015) varie regioni abbiano ridotto in modo significativo questi finanziamenti.

Alcune note sulle agevolazioni fiscali a favore delle imprese

Le agevolazioni fiscali (o spese fiscali) sono diffusissime in Italia. Se si applicassero le aliquote standard alla base imponibile di ogni tassa si recupererebbero più di 200 miliardi. Ma questo includerebbe azioni rivoluzionarie del tipo avere un'unica aliquota per l'Iva, cosa frequente in diversi paesi emergenti (dove l'Iva è stata introdotta in anni relativamente recenti) ma poco comune nei paesi avanzati.

Mi si consenta in proposito una piccola parentesi. La motivazione economica per avere un'unica aliquota Iva è in realtà molto forte. Le aliquote Iva ridotte sono spesso giustificate con il tentativo di tassare meno prodotti quali cibo e abbigliamento, che sono necessari e devono essere acquistati anche da chi ha un reddito più basso. Ma di queste aliquote più basse beneficiano tutti, anche i ricchi. E siccome i ricchi consumano più dei poveri, anche per alimentari e vestiario, i ricchi sono anche quelli che beneficiano di più (in termini di miliardi risparmiati) dalle aliquote agevolate. È un problema noto. Meglio sarebbe per i poveri se l'aliquota fosse la stessa per tutti i prodotti. Il ricavato potrebbe poi essere utilizzato per interventi mirati a favore dei poveri e avanzerebbero ancora parecchi soldi per ridurre le tasse per tutti.

Ciò detto, il lavoro di Revisione della spesa (spesa fiscale in questo caso) è stato invece focalizzato su quelle agevolazioni economicamente più simili ai trasferimenti alle imprese. In particolare si sono guardate le agevolazioni che beneficiavano specificatamente imprese di un certo settore economico (favorendolo rispetto ad altri).

Ne è emersa una base aggredibile di circa 3-4 miliardi, di cui quasi l'80 per cento andava all'agricoltura (in aggiunta ai trasferimenti di cui si è già parlato nelle pagine precedenti). Le proposte che ho avanzato di riduzione di queste agevolazioni fiscali (che sembrano piuttosto elevate per un settore piccolo come quello agricolo) sono state in parte recepite nel decreto legge 66 di fine aprile 2014, con una riduzione di circa 400 milioni delle agevolazioni fiscali a questo settore. Secondo me si potrebbe andare oltre.

12.

La spesa sanitaria: meglio della Germania, meglio degli Stati Uniti?

Non credete a chi vi dice che la spesa sanitaria è fuori controllo, che ci sono sprechi inenarrabili, che il Servizio sanitario nazionale va rifondato. L'Italia ha un sistema di controllo della spesa sanitaria che, in confronto a quello della maggior parte dei paesi avanzati, funziona abbastanza bene. Siamo stati virtuosi, se non in ogni anno degli ultimi decenni, per lo meno nella media di ogni decennio. Con queste premesse, dobbiamo forse concludere che un'operazione di revisione della spesa è inutile e possiamo passare al capitolo seguente (quello delle pensioni, dove ci sarebbe molto di più da fare)? Non proprio. Perché se è vero che, in media, l'Italia non spende male, ci sono all'interno del paese realtà molto diverse. Risparmi, anche se non enormi, sono quindi possibili. E la qualità dei servizi, almeno in certe regioni, può essere migliorata reinvestendo nel settore parte dei possibili risparmi (ma non tutto, visto che anche questo settore, data la sua dimensione, dovrebbe dare un piccolo contributo alla riduzione delle tasse).

Prima di sapere come, vediamo però com'è andata evolvendo la spesa sanitaria in Italia negli ultimi decenni e come questo andamento si confronta con quello degli altri paesi.

Più virtuosi dei tedeschi...

La spesa sanitaria italiana è di circa 110 miliardi (circa il 7 per cento del Pil). Se scomponiamo questa spesa, al primo posto ci sono gli stipendi del personale (43 miliardi); al secondo, gli acquisti di prestazioni specialistiche e ospedaliere da cliniche e medici privati (24 miliardi); al terzo, gli acquisti di beni e servizi (dalla siringa alle apparecchiature mediche), che costituiscono meno di un quinto del totale (19 miliardi); al quarto, la spesa farmaceutica (17 miliardi) e il resto (5 miliardi) sono spese varie, compresi gli oneri finanziari.

La spesa sanitaria è cresciuta negli ultimi decenni rispetto al Pil, ma meno di quanto sia avvenuto nella maggior parte degli altri paesi avanzati. La spesa sanitaria tra il 1960 e il 1980 è aumentata più rapidamente del Pil, in parte per l'invecchiamento della popolazione, in parte per la maggiore copertura in termini di servizi offerti. In questi due decenni, la spesa è passata dal 3,3 per cento del Pil al 5,9 per cento, un aumento di 2,6 punti percentuali di Pil. È tanto ma, ripetiamo, meno dell'aumento registrato negli altri paesi avanzati (3 punti percentuali).[1] È però nei decenni successivi che la spesa sanitaria italiana si è dimostrata particolarmente virtuosa. Dal 1980 al 2008 il rapporto tra spesa sanitaria e Pil è aumentato di poco più di un punto percentuale (dal 5,9 per cento al 7 per cento), mentre, nello stesso periodo, l'aumento nella media dei paesi avanzati è stato di quasi due punti percentuali. Abbiamo fatto meglio (almeno in termini di spesa) di Spagna (1,7 punti), Francia (2,2 punti), Canada (2,2 punti), Regno Unito (2,5 punti), Stati Uniti (3,8 punti) e anche della virtuosa Germania (1,5 punti). Certo, l'aumento di spesa in alcuni periodi, in particolare nella prima metà del decennio scorso, è stato elevato. Quasi tutto l'aumento della spesa tra il 1980 e il 2008 è dovuto all'accelerazione registrata tra il 2000 e il 2005 (circa un punto percentuale di Pil), ma nel complesso del periodo finora considerato l'Italia è riuscita a contenere l'aumento della spesa sanitaria. Che è successo negli ultimi anni? Siamo stati anche più virtuosi: dal 2008, la spesa è rimasta praticamente costante rispetto al Pil, nonostante il Pil (in termini reali) scendesse a seguito della crisi economica iniziata in quell'anno.

Perché la spesa sanitaria è aumentata rispetto al Pil in quasi tutti i paesi avanzati negli ultimi decenni? Per due motivi. Il primo è l'invecchiamento della popolazione. Ma non è il motivo principale. Due terzi dell'aumento della spesa sanitaria nei paesi avanzati sono spiegati dal fatto che i costi dei prodotti sanitari sono aumentati più rapidamente dell'inflazione media. Questo accade sia perché la ricerca scientifica ha portato alla scoperta di nuovi e più efficaci prodotti (per esempio, negli anni sessanta le Tac non erano diffuse), sia perché i prezzi dei servizi, come quelli sanitari, che richiedono un elevato input in termini di personale, aumentano in generale più di quelli dei prodotti manifatturieri (pensate a come il prezzo delle automobili o dei computer sia sceso rispetto a quello di un taglio di capelli negli ultimi decenni).

Quindi, il fatto che la spesa sanitaria in Italia sia aumentata rispetto al Pil è fisiologico. Il fatto che sia aumentata meno che negli altri paesi avanzati dimostra che il Servizio sanitario nazionale ha funzionato bene (almeno in termini di contenimento dei costi).

Per effetto di aumenti inferiori rispetto agli altri paesi avanzati, e nonostante il fatto che nel 1960 l'Italia spendesse relativamente di più degli altri paesi per la sanità, il livello attuale della spesa sanitaria delle pubbliche amministrazioni italiane (circa il 7 per cento del Pil, come ho detto) risulta piuttosto contenuto rispetto agli altri paesi. In Francia e Germania è superiore all'8 per cento; mentre nel Regno Unito, Canada e Stati Uniti è superiore al 7 per cento.

Se guardiamo in avanti, le organizzazioni internazionali prevedono che l'aumento della spesa sanitaria in Italia nei prossimi decenni rimarrà contenuto: secondo il Fondo monetario internazionale (vedi il "Fiscal Monitor" dell'ottobre 2014, p. 87), l'aumento sarebbe di solo 0,6 punti di Pil tra il 2014 e il 2030, uno degli aumenti più bassi tra i paesi avanzati (e meno di un quarto dell'aumento previsto in media).

Possiamo concludere che tutto è a posto? No.

Prima di tutto, come abbiamo spiegato nel capitolo 1, l'Italia si può permettere un livello di spesa primaria più basso di quello degli altri paesi in conseguenza di vari fattori, tra cui il suo elevato debito pubblico. Il "benchmark europeo" rilevante per la spesa sanitaria italiana calcolato con la metodologia spiegata nel capitolo 1 ci direbbe che la spesa sanitaria dovrebbe essere solo del 5,5 per cento del Pil, un valore molto più basso di quello italiano (7 per cento). Questo calcolo non tiene conto della composizione demografica della popolazione, per cui sovrastima i margini di possibile risparmio: in altri termini, una popolazione più anziana richiede spese sanitarie più elevate, cosa di cui la metodologia del "benchmark" non tiene conto.[2] È tuttavia indicativo della necessità di risparmiare anche nella spesa sanitaria.

In considerazione di questi fattori, le proposte di Revisione della spesa del marzo 2014 prevedevano sì che anche la spesa sanitaria desse un contributo ai risparmi complessivi, ma questo contributo era previsto essere molto inferiore a quello che sarebbe derivato dal confronto con il benchmark europeo. Si proponeva un risparmio di due miliardi da raggiungere nel giro di tre anni (in aggiunta a quello che si poteva risparmiare comprando a prezzi più bassi, come discusso nel capitolo 2). Due miliardi sono meno del 2 per cento della spesa sanitaria e poco più dello 0,1 per cento del Pil. Non proprio una cura draconiana. I risparmi possibili erano probabilmente maggiori, ma si teneva conto della necessità di reinvestirne una parte nel settore stesso per migliorare i servizi forniti per un servizio pubblico così delicato.

Per spiegare dove e come intervenire per raggiungere questi risparmi occorre ora addentrarci nei meccanismi di funzionamento del Servizio sanitario nazionale.

Come funziona e come è organizzato il Servizio sanitario nazionale?

Il Servizio sanitario nazionale funziona così: il finanziamento della spesa sanitaria e i livelli minimi di servizi sanitari da fornire ai cittadini (i famosi Livelli essenziali di assistenza o Lea) sono decisi dal centro (governo e Parlamento, anche se, di norma, sono sanciti in un accordo con le regioni, il cosiddetto Patto per la salute) unitamente a un insieme di altri vincoli. La gestione delle risorse e la fornitura dei servizi sono invece lasciate alle regioni e alle singole Aziende sanitarie locali. Questa è ovviamente una semplificazione, visto che esistono competenze concorrenti tra stato, regioni e Asl, ma, in prima approssimazione, caratterizza adeguatamente il sistema italiano.

Come viene determinato il livello del finanziamento al Servizio sanitario nazionale e come vengono ripartite le risorse fra le regioni? E cosa succede se a una regione i soldi non bastano? Rispondere a queste domande ci consentirà di individuare i punti di forza, ma anche le debolezze del sistema attuale.

Cominciamo dal finanziamento totale. Il Patto per la salute triennale sancito nel luglio del 2014 prevedeva finanziamenti di 110 miliardi nel 2014, 112 miliardi nel 2015 e 115 miliardi nel 2016, in modo da mantenere costante il finanziamento rispetto al Pil (previsto in crescita). Il Patto indicava anche che ogni possibile risparmio derivato da azioni di efficientamento sarebbe stato reinvestito nel settore stesso, senza risparmi netti: tornerò su questo punto alla fine del capitolo. Per il momento vorrei sottolineare che l'ammontare del finanziamento non dipende da ipotesi su quanto sarebbe necessario spendere, a parità di servizi forniti, se tutto il sistema sanitario fosse efficiente. Il dato del finanziamento è essenzialmente deciso partendo dalla spesa dell'anno precedente e facendolo crescere, più o meno, in linea con il Pil.

Come vengono ripartite le risorse tra le regioni? Alcuni pensano che le risorse siano distribuite sulla base della spesa storica di ogni regione: se una ha ricevuto 100, continuerà a ricevere 100, indipendentemente dal suo grado di efficienza. Per fortuna non è più così. Le risorse sono distribuite tra le regioni in base alla loro popolazione, corretta per fattori demografici. Quindi, due regioni che hanno lo stesso numero di abitanti e la stessa struttura demografica (per esempio lo stesso numero di anziani) riceveranno gli stessi finanziamenti. Se invece una regione ha un numero maggiore di anziani riceverà più risorse. Questo è un punto di forza del sistema attuale: non si danno più soldi a chi è meno efficiente. Si danno risorse in modo "uguale" a tutti ("uguale" dopo aver tenuto conto del numero degli abitanti e della loro composizione demografica).

A questo punto, le regioni meno efficienti devono comunque adeguarsi perché lo stato non dà loro più risorse. Naturalmente un modo per adeguarsi è quello di fornire servizi di qualità inferiore, anche se, in linea di principio, i livelli di assistenza (almeno quelli essenziali) sono decisi su scala nazionale. Ma a volte questo non basta e alcune regioni hanno spese superiori a quelle che possono sostenere sulla base dei finanziamenti centrali. Hanno quindi un deficit sanitario e devono accettare dei "piani di rientro" che comportano un aggiustamento graduale delle spese. Chi finanzia il loro deficit durante il periodo di rientro? Il deficit viene finanziato dai cittadini delle regioni stesse attraverso varie tasse addizionali. Come residente nel Lazio, quando ero commissario, ho dovuto pagare più tasse regionali perché la spesa sanitaria della regione era eccessiva rispetto al finanziamento nazionale.

Questo sistema spesso non è capito da chi, per esempio, sostiene che il costo delle inefficienze della sanità, come nel Lazio, vengono pagate dai cittadini delle regioni virtuose. Per fortuna non è così: le inefficienze di una certa regione sono finanziate da chi ne elegge i governanti, il che dovrebbe incentivare una migliore gestione del servizio sanitario. È un approccio sensato (quello che gli economisti chiamerebbero "incentive compatible", cioè coerente con gli incentivi) e un punto di forza del nostro sistema sanitario.

Dove sta la debolezza? Essenzialmente nel fatto che la spesa sanitaria complessiva non è determinata sulla base di quanto servirebbe se tutto il Sistema sanitario nazionale fosse efficiente. Il finanziamento, come si è visto, è determinato sulla base della spesa storica del sistema, corretta tenendo conto della crescita del Pil e delle varie esigenze della finanza pubblica. Al massimo si può sostenere che il finanziamento complessivo riflette il grado medio d'inefficienza del sistema.

Ma come? Non si erano introdotti in sanità i costi standard? Non sono questi che si dovrebbero utilizzare per determinare i finanziamenti totali, adeguandoli quindi almeno al grado di efficienza delle regioni migliori (che potrà essere comunque migliorato, ma resta un importante punto di riferimento)? In effetti, in base a un decreto legislativo del 7 ottobre 2010, ogni anno vengono effettuati complessi calcoli per stabilire le spese pro capite delle regioni, corrette per la composizione della popolazione. In questo modo e tenendo conto anche di indicatori della qualità dei servizi forniti, si identificano le tre regioni più efficienti, la cui spesa media viene considerata come valore standard della spesa. Per esempio, nel 2013 le tre regioni benchmark erano Emilia-Romagna, Umbria e Veneto. Questo processo crea un meccanismo virtuoso perché le regioni competono per raggiungere lo status di benchmark. Tuttavia, il valore standard della spesa non influenza né l'importo totale dei trasferimenti al Servizio sanitario nazionale né la sua ripartizione. Il calcolo dei costi standard in sanità ha quindi, almeno per ora, un uso informativo ma non sostanziale.[3]

Quello che invece si potrebbe fare è calcolare il totale dei finanziamenti al Servizio sanitario nazionale riproporzionando all'intera Italia i valori standard della spesa ricavati dalle tre regioni benchmark. Quanto si risparmierebbe? Be', dipende da quanto si vorrebbe migliorare la qualità dei servizi nelle regioni non standard (in altri termini in che misura si vorrebbe "esportare" a tutte le regioni non solo l'efficienza ma anche la qualità dei servizi delle regioni standard). Le stime vanno da zero a qualche miliardo di euro, quindi risparmi non enormi, ma neanche irrilevanti. Si tenga anche conto che ulteriori risparmi potrebbero essere raggiunti aumentando l'efficienza delle tre migliori regioni. Queste regioni sono efficienti in termini relativi, ma probabilmente nel tempo possono migliorare la propria efficienza.

Nella prossima sezione vediamo quali sono le aree dove si concentrano gli sprechi e con quali strumenti potrebbero essere ridotti. Prima di proseguire aggiungo un'annotazione riguardo il ricavato dei risparmi da efficientamento. Visto che le regioni meno virtuose devono autofinanziare il costo della propria inefficienza attraverso addizionali fiscali, se migliorassero sarebbe appropriato consentire loro di mantenere sul proprio territorio i risparmi derivanti dalla maggiore efficienza, riducendo la tassazione regionale.

Quali sono gli sprechi?

Ci sono essenzialmente quattro aree in cui si può intervenire per contenere le spese sanitarie.

La prima riguarda le modalità di erogazione dei servizi. Se state poco bene non dovete andare necessariamente in ospedale, no? Il problema è che spesso si trattano in ospedale problemi sanitari che non richiedono una visita, né tantomeno una degenza ospedaliera, quando invece sarebbe sufficiente una visita ambulatoriale (o una prestazione fornita in day hospital). Anche qui le differenze tra regioni sono evidenti. Almeno fino a qualche anno fa, il tasso di ospedalizzazione globale era al livello più alto in Campania, dove risultava del 56 per cento più elevato che in Friuli Venezia Giulia (la regione più virtuosa).[4] Non si tratta di risparmi irrilevanti. Per esempio, e solo per darvi un'idea, se ogni regione avesse il tasso di ospedalizzazione per tonsillectomia delle regioni migliori, ogni anno si risparmierebbero oltre 34.000 giornate di degenza e circa 20 milioni.[5]

Occorre quindi cercare di fornire l'assistenza medica nel modo più appropriato, il che spesso non significa ospedalizzazione. Un aspetto delle riforme in quest'area riguarda la riduzione dei letti e la chiusura degli ospedali di piccola dimensione (ricordiamo in proposito che i piccoli ospedali sono posti abbastanza pericolosi; i rischi di errori medici sono statisticamente più elevati, visto che non si raggiungono volumi di attività tali da consentire un'efficiente esecuzione delle procedure mediche). La Revisione della spesa del 2012 fissava un obiettivo di riduzione del numero di posti letto ospedalieri per 1000 abitanti a 3,7, un leggero calo rispetto al rapporto esistente a inizio 2012 (3,82). Nel tempo si potrebbe scendere ulteriormente. In conclusione, occorre andare contro quello che sembra "politically correct". In certi casi, chiudere un ospedale e con parte dei soldi che si risparmiano aprire un ambulatorio consente di fornire servizi migliori a costi più bassi.

La seconda area riguarda la fornitura di servizi sanitari che non sono necessari. Qui si entra nel terreno minato della definizione dei Livelli essenziali di assistenza. Si potrà pensare, anche qui, che una riduzione dei servizi offerti non possa che essere dannosa alla salute. In realtà, basta andare a vedere, di nuovo, come le cose vengono gestite nelle varie regioni italiane per capire che alcuni servizi sanitari sono offerti inutilmente. L'esempio classico è fornito dalle operazioni di parto cesareo. È noto che da decenni l'Organizzazione mondiale della sanità sostiene che una proporzione di parti cesarei superiore al 15 per cento è anomala. In Italia la proporzione di parti cesarei nel 2013 era superiore al 20 per cento in tutte le regioni tranne il Piemonte, il Trentino-Alto Adige, la Lombardia, il Veneto, il Friuli Venezia Giulia, l'Emilia-Romagna e la Toscana (insomma in tutto il Nord, meno la Liguria e più la Toscana), con una punta massima di quasi il 50 per cento in Campania.[6] Fra l'altro, la legge stessa richiede che siano erogati a carico del Servizio sanitario nazionale solo "le tipologie di assistenza, i servizi e le prestazioni sanitarie che presentano, per specifiche condizioni cliniche e di rischio, evidenze scientifiche di un significativo beneficio in termine di salute, a livello individuale o collettivo, a fronte delle risorse impiegate" (comma 7 dell'articolo 1 del decreto legislativo 19 giugno 1999, n. 229). Non sembra essere questo il caso in tutte le regioni.

La terza area di intervento riguarda i prezzi a cui il Servizio sanitario nazionale acquista beni e servizi. Abbiamo già discusso questo aspetto nel capitolo 2, per cui non mi dilungo molto. Il settore sanitario, in realtà, è quello dove ci si è mossi prima nella pubblicazione di prezzi di riferimento (circa 600) utili a identificare chi compra a prezzi superiori allo standard. Anche qui, però, siamo indietro rispetto alle decine di migliaia di prezzi standard (sì, decine di migliaia; il livello di dettaglio è altissimo) definiti dal sistema sanitario della Gran Bretagna. L'accentramento degli acquisti e pagamenti più puntuali possono portare a notevoli risparmi sui prezzi di acquisto a parità di quantità acquistate, e quindi di servizi forniti, anche nel settore sanitario. Questo vale non solo per gli acquisti diretti (i 19 miliardi di cui si è parlato all'inizio del capitolo), ma anche per gli acquisti di servizi da parte di erogatori privati (24 miliardi) e quelli di prodotti farmaceutici. Potrebbero avvenire tutti a prezzi più bassi se il pagamento sarà, come si spera (e come i primi dati sembrano indicare), più puntuale e gli acquisti più aggregati.

La quarta e ultima area riguarda i famigerati ticket sanitari, i pagamenti richiesti ai pazienti per contribuire alle spese sanitarie. Il termine "ticket" è strano perché è una parola inglese, ma in inglese i ticket si chiamano "copayments", non ticket. Comunque, vista l'abitudine consolidata, li chiamerò anch'io ticket.

Il tema è politicamente molto delicato. I dati mostrano che in Italia i ticket (in media, anche se esistono forti variazioni da regione a regione) sono più bassi di quelli di molti altri paesi europei. Facciamo qualche esempio. Per l'acquisto di prodotti farmaceutici il costo medio pagato dal paziente nel nostro paese è di circa il 5 per cento. Nella media europea è di quasi il 20 per cento. Certo, il contributo pagato dai pazienti è inferiore in Francia, ma la Francia non è un buon esempio in termini di livelli di spesa pubblica (e di tassazione). Se guardiamo alle degenze ospedaliere e alle visite ai medici di base, esistono ticket nella maggior parte dei paesi europei (le eccezioni sono Danimarca, Ungheria, Lituania, Malta, Polonia, Romania, Slovacchia,

Spagna, Regno Unito e Italia). In totale, nel nostro paese la spesa privata per ticket è di circa 4 miliardi, copre quindi solo poco più del 3 e mezzo per cento della spesa sanitaria pubblica italiana.

Una seconda anomalia che emerge dalle statistiche è che esiste una dicotomia tra chi paga e chi non paga: il 60 per cento degli iscritti al Servizio sanitario nazionale è completamente esente, il 40 per cento paga. Forse un sistema che prevedesse una transizione più graduale, seppur tenendo conto del livello di reddito, sarebbe più equo (e potrebbe essere modulato in modo da ottenere risparmi).

Che cosa si è fatto nel 2014?

Proposte di riforma in linea con i suggerimenti della sezione precedente sono state discusse nel corso della Revisione della spesa. Una parte è servita come input per la definizione del Patto per la salute sancito nell'intesa tra governo e regioni nel luglio del 2014. Il Patto, però, definisce solo linee guida per le riforme, posticipando a ulteriori lavori la definizione di misure concrete. Fra l'altro, nel preambolo al Patto si affida il monitoraggio del patto stesso a "un Tavolo politico permanente fra il governo e la Conferenza delle regioni e delle province autonome, una sorta di cabina di regia a cui è, fra l'altro, demandata l'elaborazione di proposte per la spending review interna al settore sanitario" (cabina di regia che peraltro non includeva il commissario per la Revisione della spesa; forse non ho fatto male ad andarmene...). L'articolo 1, comma 4, del Patto sancisce anche che "i risparmi derivanti dalla applicazione delle misure contenute nel Patto rimangono nella disponibilità delle singole regioni per finalità sanitarie". Quindi si prevede che nessun risparmio netto possa derivare dal Patto stesso.

Tuttavia, la Legge di stabilità per il 2015 richiede alle regioni un contributo di 4 miliardi alla manovra prevista (si veda il capitolo 1) e l'accordo sancito a febbraio 2015 tra le regioni e lo stato sulla composizione di questo contributo prevede una riduzione delle risorse destinate al finanziamento del Servizio sanitario nazionale di 2,3 miliardi, in linea quindi con le proposte della Revisione della spesa (anche se non è definito specificatamente quali componenti di spesa sanitaria saranno ridotte dalle regioni, ma abbiamo visto che margini di efficientamento esistono di certo).

Un'ultima osservazione sulla qualità dei servizi sanitari in Italia: meglio degli Stati Uniti (?)

Il lettore avrà probabilmente notato una distorsione professionale nella mia stesura di questo capitolo. Ho parlato molto di spesa ma poco della qualità dei servizi. Per esempio, quando ho detto che il Servizio sanitario nazionale italiano è stato in grado di contenere l'aumento dei costi, sarà venuto a molti il dubbio che l'abbia fatto a danno dei servizi. Valutare quanto il contenimento della spesa abbia influito sulla qualità dei servizi richiederebbe un libro intero. Mi limito qui a qualche considerazione.

Prima di tutto, l'aspettativa di vita in Italia è tra le più alte al mondo, il che potrà anche essere dovuto allo stile di vita mediterraneo e ai nostri ottimi geni, ma non suggerisce a prima vista che il contenimento della spesa abbia danneggiato la nostra salute (in media, di nuovo, perché sappiamo che le esperienze variano molto da regione a regione).

Secondo, non sembra che la spesa sanitaria sia di cattiva qualità (sempre in media...). Circolano da diverso tempo sul web vari grafici che mettono in relazione il livello di spesa sanitaria nei vari paesi con l'aspettativa di vita negli stessi (li trovate facilmente ricercando "health care spending over Gdp life expectancy" con Google Images). Questi grafici mostrano che l'aspettativa di vita alla nascita in Italia è di un paio di anni superiore a quella che ci si potrebbe attendere sulla base del livello di spesa. Il che suggerisce che spendiamo relativamente bene (a meno di assumere, di nuovo, che tutta la differenza sia dovuta allo stile di vita o ai nostri buoni geni).

Forse sorprenderà qualcuno sapere che, invece, chi sta messo peggio sono gli Stati Uniti: hanno una spesa sanitaria pro capite di due volte e mezzo quella italiana e un'aspettativa media di vita di diversi anni più bassa. Cattivi geni, cattivo stile di vita e, forse, una spesa sanitaria poco efficiente (in media).

13.
La spesa previdenziale: quasi metà della spesa, quasi un terzo degli elettori

È un paese per vecchi, direbbero i fratelli Coen, o per lo meno è un paese di vecchi. La spesa degli enti previdenziali era il 43 per cento della spesa pubblica primaria nel 2013. Da allora, questa percentuale è probabile che sia cresciuta ulteriormente. Non tutta la spesa degli enti previdenziali è per gli anziani ma lo è la maggior parte. Come vedremo, la spesa per pensioni rispetto al Pil è tra le più alte al mondo e non solo perché siamo un paese di vecchi, ma anche per le condizioni, relativamente generose, del sistema di pensionamento applicato per anni in Italia. Questa spesa comprime tutte le altre e la possibilità di ridurre le tasse. Ma non è un problema facile da risolvere, anche giuridicamente. Guardiamolo più da vicino.

Come abbiamo visto nel capitolo 1, la spesa primaria degli enti previdenziali nel 2013 era di circa 320 miliardi, quasi tutti compresi nel bilancio dell'Inps (se avete voglia di leggervelo, l'edizione del 2012 era di circa 2000 pagine). Tolte le spese di gestione degli stessi enti previdenziali (alcuni aspetti sono discussi alla fine di questo capitolo), si tratta di trasferimenti fatti a individui a diverso titolo, soprattutto pensioni ma non solo.

La spesa per pensioni e liquidazioni era di 265 miliardi, l'83 per cento del totale. Il resto è costituito da altre prestazioni sociali per cui i lavoratori hanno pagato contributi (indennità di malattia, maternità, disoccupazione eccetera) e altre per cui non hanno pagato contributi e quindi vengono considerate pura "assistenza" (pensioni sociali, di guerra, a invalidi civili, ipovedenti eccetera). In questo capitolo ci occupiamo soprattutto di pensioni e di alcune spese per l'assistenza, che sono state oggetto di un lavoro più approfondito durante la Revisione della spesa.

Le spese per pensioni e liquidazioni

L'anomalia della spesa per le pensioni italiana emerge in modo chiaro dai confronti internazionali. Questi non sono facili, per vari problemi di definizione, ma, comunque la si metta, la spesa italiana per le pensioni rispetto al Pil è, probabilmente, la più alta tra i paesi avanzati. I 265 miliardi di spesa per pensioni e liquidazioni corrispondono al 17,0 per cento del Pil. Togliendo le liquidazioni (circa 10 miliardi), la spesa per pensioni in senso stretto è di circa 255 miliardi (16,3 per cento del Pil). Come si confronta questa spesa a quella degli altri paesi?

Per avere confronti (relativamente) omogenei occorre andare al 2010, quando la spesa italiana (escluse le liquidazioni) era del 15,3 per cento del Pil e risultava la più alta nell'Unione europea secondo l'"Aging Report" della Commissione europea (una nuova edizione dell'"Aging Report" sarà disponibile quest'anno ma troppo tardi rispetto alla pubblicazione di questo volume). A seguire c'erano la Francia (14,6), l'Austria (14,1) e la Grecia (13,6). La media era 11,3. La più bassa era quella dei Paesi Bassi (6,8). Al di fuori dell'Europa, le spese per pensioni sono notevolmente inferiori: 7,6 del Pil, per esempio, negli Stati Uniti (sempre nel 2010), tranne che in Giappone (un altro paese di anziani), dove comunque sono inferiori all'11 per cento del Pil.

A questo punto so che qualcuno obietterà che la spesa pensionistica italiana è gonfiata da spese che negli altri paesi non sono considerate pensionistiche ma per assistenza. Si tratta di una vecchia polemica, che è riemersa anche nelle mie discussioni come commissario con i vertici politici italiani. Vorrei far notare che i confronti che ho citato escludono già la spesa di assistenza pura (discussa nei paragrafi seguenti). Includono però una parte di spesa per pensioni relativa a varie integrazioni e maggiorazioni a favore di beneficiari a basso reddito, una parte delle quali in altri paesi è considerata come spesa assistenziale. Si tratta di una trentina di miliardi, circa il 2 per cento del Pil. Ma se anche escludessimo il totale di questo importo, la spesa pensionistica italiana sarebbe stata nel 2010 pari al 13,3 per cento del Pil, comunque tra le più alte in Europa. E questo senza tener conto della spesa per le liquidazioni (che è molto più bassa all'estero e comunque costituisce un reddito per i pensionati, anche se erogato in un colpo solo) e senza contare che anche negli altri paesi le spese pensionistiche contengono comunque una componente assistenziale, anche se inferiore a quella italiana. Infine, dal 2010 la nostra spesa pensionistica è probabilmente aumentata in modo più rapido che all'estero, vista l'ancora forte dinamica della spesa degli enti previdenziali (cresciuta del 7,5 per cento tra il 2010 e il 2013).[1] Riassumendo, nonostante le difficoltà dei confronti internazionali, credo si possa concludere che la spesa italiana per pensioni è molto probabilmente la più alta tra i paesi avanzati (e tra le più alte al mondo visto che, con qualche eccezione, come l'Ucraina, la spesa pensionistica dei paesi non avanzati difficilmente supera il 10 per cento del Pil).

La fetta di Pil assorbita dalla spesa per le pensioni è cresciuta quasi senza interruzioni per decenni. Nel 1990 era il 9 per cento. Nel 2000 era il 13 e mezzo. Nel 2010 quasi il 15 e mezzo. Non è un fenomeno solo italiano. A partire dagli anni sessanta la spesa per le pensioni nei paesi avanzati è tendenzialmente cresciuta, all'inizio perché si miglioravano le condizioni delle pensioni e in seguito per l'invecchiamento della popolazione.[2] Il fenomeno è stato però più accentuato nei paesi, come l'Italia, la cui popolazione stava invecchiando più rapidamente e in cui l'età media di pensionamento non veniva aumentata in modo corrispondente. Nel 2014 la popolazione di età superiore ai sessant'anni era del 27,4 per cento. Nel 2002 era del 24,8 per cento. Dieci anni prima era del 20,1 per cento. E nel 1980 era del 16 per cento.

Corrispondentemente all'aumento del numero degli ultrasessantenni, cresceva anche il numero dei pensionati, nonostante il graduale, lento aumento dell'età media di pensionamento a seguito delle riforme iniziate negli anni novanta. Al momento in Italia ci sono circa 16 milioni e mezzo di pensionati. Sono quasi un terzo della popolazione sopra i diciotto anni e quindi potenziali elettori, il che la dice lunga sulla difficoltà di intervenire sulle pensioni in essere. Il numero delle pensioni è più elevato, circa 23 milioni e mezzo (questo è il traffico che devono gestire ogni mese gli enti previdenziali), perché molti percepiscono più di un assegno (per esempio la pensione di reversibilità a seguito della morte del coniuge).

La fetta del Pil assorbita dalla spesa per pensioni dipende però non solo dal numero dei pensionati rispetto alla popolazione, ma anche dal rapporto tra pensione media e reddito medio pro capite. Se il reddito dei pensionati aumenta più rapidamente del Pil pro capite, la fetta di reddito assorbita dalle pensioni aumenta, anche a parità del numero dei pensionati rispetto alla popolazione.

Guardando i dati sul reddito medio dei 16 milioni e mezzo di pensionati, si scopre una cosa che penso sorprenderà molti. Il reddito medio dei pensionati è rimasto abbastanza stabile rispetto a quello medio italiano, intorno al 45-50 per cento, dal 1980 al 2007. Successivamente il rapporto è cresciuto rapidamente, raggiungendo il 58 per cento nel 2012. Che cosa è successo? I pensionati sono diventati più ricchi? Be', non proprio. Ma sono stati in buona parte protetti, rispetto al resto della popolazione, dalla crisi che ha colpito il paese a partire dal 2008. Le pensioni, infatti, sono indicizzate all'inflazione e quindi costanti in termini reali (l'indicizzazione non è stata completa per le pensioni più elevate negli ultimi anni, ma l'erosione in termini di potere d'acquisto è stata limitata). Il reddito reale degli italiani (il Pil) si è invece ridotto di oltre l'11 per cento dal 2007, anche per il forte aumento del numero di disoccupati o di chi ha un lavoro precario o part-time. In altri termini, i pensionati, per quanto non stessero meglio, arretravano meno degli altri. Anche questo ha contribuito negli ultimi anni all'aumento della fetta di Pil assorbita dalle pensioni.

Allora, abbiamo visto che la spesa per pensioni è più alta in Italia che negli altri paesi e abbiamo visto perché. Abbiamo anche visto come mai è cresciuta negli ultimi decenni. Ma che accadrà in futuro?

Qui ci sono delle sorprese. Le previsioni ufficiali indicano un deciso cambiamento della tendenza per effetto delle riforme introdotte a partire dagli anni novanta (riforma Amato del 1992 e riforma Dini del 1995) fino alla (bistrattata) riforma Fornero. Guardiamo alle previsioni sull'aumento della spesa per pensioni rispetto al Pil per diversi paesi, per esempio quelle pubblicate dal Fondo monetario internazionale nel suo "Fiscal Monitor". Nei prossimi vent'anni la spesa per pensioni rispetto al Pil è prevista aumentare nella media dei paesi avanzati di un punto percentuale. Negli Stati Uniti l'aumento previsto è di 1,6 punti percentuali. In Austria di 2,2 punti. In Belgio di 3,8 punti. Nella rigorista Finlandia di 2,9 punti. Un aumento elevato è anche previsto per la Germania (1,2 punti) e la Svizzera (1,6 punti). La Francia sta messa un po' meglio (0,6 punti). E l'Italia? Non c'è un aumento. La spesa è prevista scendere di mezzo punto percentuale, l'unico tra i paesi avanzati a mostrare una riduzione, a parte Lettonia ed Estonia. Perché queste differenze? Perché l'Italia ha approvato riforme (strutturali, direi) che influiranno in modo drastico sulle tendenze future della spesa. Gli altri invece devono ancora riformare le pensioni.

Questo andamento favorevole (per le finanze pubbliche si intende, meno per i futuri pensionati) proseguirà nei successivi vent'anni. In termini relativi, si tratterà però di un miglioramento lento. Nei prossimi decenni, la spesa italiana per le pensioni resterà tra le più alte al mondo rispetto al Pil, in parte per motivi demografici, in parte per la maggiore generosità degli assegni di chi si è ritirato dal lavoro prima delle riforme. Solo intorno al 2050 la maggiore spesa italiana rispetto alla media degli altri paesi sarà dovuta esclusivamente a fattori demografici.

Occorre anche inserire un paio di note di cautela rispetto a queste previsioni di lungo termine. Esse sono basate su una crescita della produttività e, quindi, del Pil italiano ben superiore a quella registrata negli ultimi anni (l'ipotesi è di una crescita della produttività per persona occupata che sale gradualmente oltre l'1,5 per cento entro la metà del secolo; nel decennio precedente la crisi del 2008-2009 la crescita della produttività era stata praticamente nulla). Secondo proiezioni del ministero dell'Economia e delle finanze se la crescita della produttività fosse di mezzo punto più bassa, il rapporto tra spesa e Pil nel 2035 sarebbe un punto percentuale più alto di quello dello scenario di base cui mi sono riferito sopra (cioè la spesa sarebbe di mezzo punto di Pil più alta di quella attuale e non mezzo punto più bassa).[3] Inoltre, si ipotizza che l'impianto delle riforme approvate non sia modificato, inclusa la previsione di aumento dell'età di pensionamento in linea con gli andamenti demografici e la progressiva riduzione del "tasso di sostituzione" (il livello della pensione rispetto all'ultimo stipendio) derivante dai meccanismi attuali.

Anche con questi caveat, però, le riforme attuate comportano senza dubbio un forte rallentamento della spesa pensionistica nel lungo termine. Questo perché sono stati ridotti i benefici per chi attualmente lavora e ancora non è andato in pensione.

Resta però il problema del livello della spesa attuale, elevata anche perché chi già si è ritirato dal lavoro ha avuto condizioni più favorevoli di quelle prevalenti all'estero e di quanto giustificato dai contributi pagati. Si noti quindi che le varie riforme delle pensioni attuate finora hanno essenzialmente colpito chi ancora lavora. Quando si dice che "si vuole colpire ancora i pensionati che hanno già dato" occorre intendersi: sono stati colpiti i pensionati futuri, ossia i lavoratori di oggi. I pensionati attuali, con l'eccezione del già citato blocco parziale dell'indicizzazione, non hanno però ricevuto tagli dalle varie riforme introdotte in passato.

Ma le pensioni non sono basse? In termini assoluti non sono alte. La pensione media erogata dall'Inps è di meno di 12.000 euro all'anno, lordi. Abbiamo però visto che qualche pensionato riceve più di un assegno. Tenendone conto, il reddito medio dei pensionati sale a circa 15.500 euro. Rimane basso, anche se bisogna tener presente che il reddito medio pro capite italiano è attualmente di circa 25.500 euro, quindi il reddito medio dei pensionati ammonta a più o meno il 60 per cento di quello medio degli italiani. Certo, c'è chi sta meglio e chi sta peggio. Ma la maggior parte dei pensionati non riceve assegni alti. L'85 per cento delle pensioni è al di sotto dei 26.000 euro lordi l'anno, quindi inferiore al reddito medio italiano. I pensionati con redditi superiori sono solo un paio di milioni.

Le pensioni sembrano però più generose se le guardiamo dal punto di vista dei nostri partner europei, i tedeschi per esempio. Sapete quante pensioni ci sono in Germania di importo annuo superiore ai 26.000 euro? Circa 650.000. In Italia sono due milioni, come abbiamo detto, tre volte di più. Agli occhi di un tedesco, quindi, le pensioni italiane sono molto generose, soprattutto se teniamo conto che il reddito pro capite tedesco è di circa un quarto superiore a quello italiano.

Si dirà però che gli italiani hanno pagato nella loro vita lavorativa contributi sociali molto più elevati di quelli tedeschi. Il che è vero. Con i soldi risparmiati i tedeschi si sono potuti comprare delle pensioni private, integrando in tal modo gli scarni assegni pubblici.

Quindi le pensioni italiane sono più alte di quelle tedesche perché gli italiani hanno pagato più contributi? Non proprio, purtroppo, perché le pensioni erogate in Italia sono più elevate di quelle giustificate in base ai contributi pagati. Le pensioni attuali sono state calcolate con il cosiddetto metodo retributivo, cioè in base alla retribuzione verso la fine della carriera lavorativa e non in base ai contributi versati. Se le pensioni fossero state calcolate in base ai contributi effettivamente versati (che riflettono anche l'età relativamente bassa di pensionamento prevalente in passato in Italia), le pensioni percepite sarebbero notevolmente inferiori. Quindi, seppur basse in termini assoluti, le pensioni italiane risultano alte rispetto ai contributi pagati (e anche agli standard di altri paesi).

C'è anche un altro senso in cui le pensioni italiane, per lo meno oltre un certo livello, sono "alte". Si può valutare l'elevatezza di un reddito anche rispetto ai bisogni. In un paese in cui la sanità è sostanzialmente gratuita, per lo meno per le malattie più gravi, le necessità di consumo degli anziani sono probabilmente più basse di quelle dei lavoratori (che hanno anche figli da mantenere). Questo è confermato dai dati su quanto risparmiano le famiglie il cui reddito principale deriva dalle pensioni, rispetto al risparmio di quelle il cui reddito principale deriva dal lavoro. I dati forniti dall'indagine sui bilanci delle famiglie prodotta dalla Banca d'Italia indica infatti che, per tutte le fasce di reddito inferiori a 55.000 euro (quindi in quasi tutti i casi censiti), le famiglie di pensionati risparmiano in media più delle famiglie di lavoratori, circa 5 punti percentuali in più in rapporto al proprio reddito. Il che suggerisce che una riduzione delle pensioni al di sopra di un certo livello di reddito potrebbe essere assorbita da una riduzione dei risparmi dei pensionati e non da una riduzione dei loro consumi, e quindi del loro standard di vita.

Si potrebbe obiettare che le famiglie di pensionati devono risparmiare per passare risorse ai figli disoccupati. Questa logica però crea un circolo vizioso: i figli infatti sono disoccupati anche a causa delle elevate tasse sul lavoro, tasse che servono a pagare le pensioni dei genitori. Ovviamente, in linea di principio e con tutti i caveat del caso, sarebbe meglio se le tasse sul lavoro fossero più basse, i giovani non fossero disoccupati e i pensionati non avessero bisogno di risparmiare per sostenere figli in età lavorativa.

Ma se si volesse intervenire, come si potrebbe farlo?

Si potrebbe usare un intervento sulle pensioni in essere per trasferire risorse da chi è in pensione a chi lavora (riducendo le tasse su questi ultimi e quindi facilitando l'aumento degli occupati). Se questo servisse a rilanciare l'economia, alla fine ne beneficerebbero tutti, anche i pensionati che, attualmente, devono passare parte della pensione ai figli senza un impiego o che hanno un reddito basso. Dal punto di vista sociale e politico, l'intervento sarebbe più facile se si intervenisse sugli assegni relativamente alti e se con le risorse risparmiate si riducesse la tassazione sul lavoro al di sotto di una certa soglia di reddito. Nelle proposte di Revisione della spesa del marzo 2014 si ipotizzava un risparmio significativo in termini assoluti (3 miliardi), ma modesto in proporzione alla spesa totale del settore (poco più dell'1 per cento). Questo in considerazione della sua delicatezza. Naturalmente, un contributo maggiore da questo settore lascerebbe più spazio ad altre spese prioritarie, quali quelle per l'istruzione.

È legalmente possibile intervenire sulle pensioni nel caso in cui l'erogazione sia già iniziata? Il modo tradizionale per ridurre la spesa per pensioni in termini di potere d'acquisto è quello di bloccarne totalmente o in parte l'indicizzazione. Riducendola, le pensioni aumentano, ma meno dei prezzi, con un risparmio in termini reali per lo stato, le cui entrate aumentano invece in linea con l'aumento dei prezzi. In base alla legislazione vigente, per esempio, nel 2015 e 2016 le pensioni al di sopra di una certa soglia non saranno indicizzate completamente. Tuttavia, con un'inflazione bassa, come quella prevalente in Italia dopo l'introduzione dell'euro, questo intervento non produce grandi risparmi, soprattutto nell'immediato (e se l'inflazione è negativa, aumentano i costi per le finanze pubbliche, a meno di ridurre in termini nominali le pensioni).

È possibile allora intervenire tagliando le pensioni già in corso di erogazione? Un modo per farlo è introdurre un contributo di solidarietà. Un primo tentativo per intervenire sulle pensioni più elevate (le cosiddette "pensioni d'oro") era stato fatto dal governo Monti, ma era stato dichiarato incostituzionale perché era prefigurato come una vera tassa, che finiva direttamente nelle entrate dello stato. Secondo la Corte costituzionale è incostituzionale imporre una tassa solo su alcuni cittadini (i pensionati), per cui il provvedimento è stato abrogato. Il problema però potrebbe essere stato superato con un provvedimento del governo Letta, in cui il contributo sulle pensioni superiori a 90.000 euro (per il triennio 2014-16) restava nelle casse dell'Inps (con un risparmio di un centinaio di milioni, una piccola cosa rispetto alla spesa per pensioni ma comunque un contributo). In effetti, l'interpretazione corrente della posizione presa dalla Corte costituzionale sembrerebbe essere che un contributo pagato dalle pensioni è costituzionale se i risparmi relativi restano all'interno del sistema pensionistico (cioè nelle casse degli enti previdenziali). Occorre usare il condizionale, però, perché è stato di recente avanzato un ricorso alla Corte anche rispetto al contributo introdotto dal governo Letta. Vedremo come va a finire.

In realtà mi domando se il problema non derivi dall'aver cercato di ottenere un risparmio attraverso un contributo (una tassa) piuttosto che una rideterminazione del livello della pensione. Come notato da Nicola Salerno,[4] la Corte costituzionale in una sentenza del 1997 ha definito un importante principio:

> E se resta fermo che – anche quando sia iniziata l'erogazione previdenziale – il Legislatore, nell'esercizio del suo potere discrezionale, può, a salvaguardia dell'equilibrio di bilancio, modificare la disciplina pensionistica fino al punto di ridurre il quantum del trattamento previsto (sentenza n. 417 del 1996), deve invece escludersi [...] che possa addirittura eliminare retroattivamente una prestazione già conseguita (sentenza n. 211 del 1997).

In altri termini, non si possono chiedere indietro i soldi ai pensionati, ma si possono ridurre gli assegni futuri anche quando l'erogazione è già iniziata. Quindi non è in ogni caso necessario introdurre una tassa o un "contributo": si può direttamente tagliare la spesa.

Nelle mie proposte iniziali (quelle di inizio marzo del 2014) avevo suggerito una riduzione per le pensioni superiori a 26.000 euro, superiori dunque al reddito medio pro capite italiano. Avrebbe quindi colpito solo il 15 per cento dei pensionati. Le risorse provenienti da questa misura sarebbero in ogni caso rimaste all'interno del sistema pensionistico – per minimizzare i problemi di anticostituzionalità (nel caso la Corte costituzionale non avesse ritenuto di sostenere il principio enunciato nel 1997) – e avrebbero potuto, per esempio, essere utilizzate, indirettamente, per pagare una parte dei contributi ai nuovi assunti. Il contributo era piuttosto basso per le prime fasce di reddito (circa 10 euro al mese), mentre saliva con il crescere del reddito, arrivando, per le fasce più alte, anche ad alcune migliaia di euro al mese.

La proposta ha suscitato ovviamente diverse obiezioni, anche a livello politico. Ma ci sono state anche obiezioni di carattere tecnico-legale. Un contributo di questo genere avrebbe infatti colpito anche chi percepiva pensioni che corrispondevano ai contributi effettivamente versati. Qui l'argomento che i "diritti quesiti" non possono essere toccati diventa più forte. L'argomento invece si indebolisce se il pensionato percepisce un assegno superiore a quello che si era guadagnato attraverso il pagamento dei contributi: una riduzione della pensione in questo caso, al di là di certi livelli di reddito, va casomai a correggere un "privilegio quesito", più che un diritto quesito, soprattutto se si parla di pensioni relativamente elevate.

La proposta di andare a colpire la parte di pensione eccedente quanto sarebbe giustificato in base ai contributi pagati è stata avanzata da più parti. Per esempio, gli economisti Tito Boeri (ora, peraltro, presidente dell'Inps), Fabrizio Patriarca e Stefano Patriarca suggerirono nel gennaio 2014 un contributo sulle pensioni superiori a 2000 euro al mese, calcolato in base alla differenza tra pensione in essere e pensione calcolata con il metodo contributivo. Il risparmio annuo previsto era di circa 4 miliardi di euro. Una difficoltà da superare per proposte di questo tipo è la mancanza di informazioni, per i lavoratori privati prima del 1974 e per quelli pubblici prima degli anni ottanta, sui contributi versati (anche se sembra paradossale, è proprio così). Gli autori della proposta suggerivano però l'uso di un calcolo forfettario già utilizzato, seppure su base volontaria, in passato (essenzialmente utilizzando una stima fondata sulle informazioni più recenti in merito ai contributi versati). Una proposta simile, seppur partendo da una soglia più elevata (50.000 euro l'anno), è stata avanzata da me nel corso del 2014, anche sulla base di simulazioni di calcolo richieste all'Inps, e quindi sulla base dell'effettiva storia contributiva dei vari pensionati.

Ma non è questo l'unico modo in cui si potrebbe agire. È chiaro che qualunque intervento sulle pensioni non potrà mai essere ritenuto equo da tutti (men che meno da chi ne subisce le conseguenze). Nei miei interventi pubblici e nelle mie discussioni private con colleghi economisti le misure sulle pensioni erano quelle che venivano considerate più problematiche, forse perché spesso le mie controparti avevano raggiunto un'età prossima alla pensione. Vista però la dimensione degli esborsi per le pensioni, un'operazione di revisione della spesa che escluda completamente le pensioni finirebbe per colpire in modo troppo forte le altre voci di spesa. Occorre naturalmente evitare di colpire gli importi più bassi, i casi cioè in cui un taglio avrebbe conseguenze troppo pesanti sul tenore di vita del pensionato.

Le spese per assistenza

Come ho spiegato, le spese per assistenza sono prestazioni fornite dagli enti previdenziali, in assenza di pagamenti di contributi, motivate dalla necessità di aiutare chi si trova in condizioni svantaggiate. Per questo motivo, nella maggior parte dei casi, questi pagamenti sono sottoposti al test del reddito, o al test più ampio del cosiddetto Isee (l'Indicatore di situazione economica equivalente). Sono "means tested" nella terminologia anglosassone: li riceve (o dovrebbe riceverli) solo chi ne ha effettivamente bisogno, anche tenendo conto delle proprie condizioni economiche.

Il totale della spesa assistenziale delle amministrazioni pubbliche era di circa 32-33 miliardi nel 2013, un decimo della spesa previdenziale. Il processo di Revisione della spesa si è concentrato solo su alcune delle voci comprese in questo aggregato, quelle di cui parlo nel seguito di questa sezione.

La prima di queste voci è la spesa per gli invalidi civili, una spesa necessaria e forse insufficiente per chi è invalido davvero. Il problema, però, è sempre stato quello dei falsi invalidi. Nonostante gli sforzi fatti, è una questione ancora aperta.

La spesa per le pensioni di invalidità, e per ipovedenti e sordomuti, in crescita abbastanza moderata fino al 2001, ha subìto successivamente un'impennata passando da 8,6 miliardi di euro nel 2001 a 16,4 miliardi nel 2010, quasi il doppio. Parte di questo aumento è dovuto all'inflazione e all'adeguamento delle pensioni. Ma il numero dei beneficiari delle prestazioni è aumentato altrettanto rapidamente con tassi di crescita medi annui di circa il 5 e mezzo per cento dal 2001 al 2008. Inizialmente, all'aumento ha contribuito in parte uno smaltimento degli arretrati in conseguenza del trasferimento delle competenze relative all'accertamento dallo stato alle regioni, ma l'entità e la prolungata durata dell'aumento indicano probabilmente anche un aumento degli abusi.

Un'altra indicazione dell'esistenza di abusi riguarda la distribuzione sul territorio nazionale di queste pensioni, che è fortemente squilibrata, con una concentrazione degli invalidi (o meglio delle pensioni per invalidi) al Centro-Sud. Il rapporto tra numero di pensioni di invalidità e popolazione è al minimo in Veneto, Lombardia, Emilia-Romagna e Friuli Venezia Giulia, leggermente più alto in Toscana e Piemonte. Del 40 per cento più alto in Liguria e nelle Marche. Del 60 per cento più alto in Umbria e Lazio. Con il Molise si sale all'80 per cento. Tutte le altre regioni hanno rapporti superiori al doppio di quelli delle regioni del Nord, con punte più elevate per Sicilia, Calabria e Sardegna (quest'ultima con un rapporto quasi due volte e mezzo quello delle regioni migliori). Insomma, si potrebbe quasi utilizzare la distribuzione delle pensioni di invalidità come bussola geografica...

Dal 2010 si è riusciti a porre un freno alla crescita delle pensioni di invalidità, intensificando i controlli. Da allora la spesa è rimasta praticamente immutata (un ulteriore segno del fatto che la crescita precedente fosse anomala), ma non si è riusciti a invertire la tendenza. Per farlo occorrerebbe forse modificare il modello organizzativo seguito attualmente, che affida alle singole regioni la gestione delle visite medico-legali nella fase di accertamento, passandolo all'Inps che dovrebbe garantire criteri unici di valutazione su tutto il territorio nazionale, anche rispetto allo stock di pensioni attualmente erogate.

Fra l'altro, con l'accentramento dei controlli all'Inps si ridurrebbero anche i costi di accertamento che sono attualmente molto elevati per le Asl delle varie regioni sia in termini di gettoni di presenza sia di tempo del personale coinvolto. Il possibile risparmio stimato solo sui costi di accertamento è di oltre 100 milioni annui. Ma per fare tutto questo occorrerebbe superare le resistenze delle regioni.

Un altro piccolo ostacolo – e apro qui una breve parentesi per accennare a un tema di carattere generale – è che risparmi dalla riduzione degli abusi sulle pensioni di invalidità difficilmente potrebbero essere considerati validi ex ante per la copertura di una riduzione della tassazione, in quanto difficilmente quantificabili. Questo è parte di un problema più generale: l'effetto di molte misure di miglioramento amministrativo viene considerato dalla Ragioneria generale dello stato come valutabile solo "a consuntivo" e quindi non può essere utilizzato a copertura. Ciò purtroppo toglie pressione all'adozione di certe misure, visto che spesso si dà la precedenza, anche in fase di stesura dei provvedimenti, a misure utilizzabili immediatamente a copertura. Nella mia esperienza di commissario, mi sono accorto che non è un problema da poco: molte riforme utili non vengono realizzate perché il risparmio relativo viene considerato valutabile solo a consuntivo. Sembra strano, ma è così.

La Revisione della spesa si è occupata anche delle indennità di accompagnamento erogate agli invalidi (soprattutto agli anziani), essenzialmente per pagare le badanti. La spesa complessiva per questa indennità era di circa 13 miliardi nel 2013. Qui si osservano gli stessi andamenti rilevati per le pensioni di invalidità, ma anche più accentuati. Il numero delle indennità è cresciuto a ritmi superiori al 6 per cento all'anno dal 2001 al 2008 (e del 5 per cento nel 2009), ritmi che solo in piccola parte possono essere spiegati dall'aumento del numero degli anziani nello stesso periodo. Si ritrova anche qui lo stesso squilibrio regionale, con Lombardia, Piemonte e Veneto ai livelli più bassi nel rapporto tra numero di indennità e popolazione, e le regioni del Centro-Sud su valori molto più elevati. L'unica differenza è che si trova al massimo (il 90 per cento in più rispetto alle regioni migliori) una regione del Centro (l'Umbria).

L'indennità di accompagnamento ha un'altra anomalia: non è sottoposta al test del reddito. Quindi la può avere chiunque ne faccia richiesta, se riesce a dimostrare di essere invalido. Anche se è Paperon de' Paperoni. Le mie proposte della Revisione della spesa comprendevano anche l'introduzione di un test sul reddito per l'indennità di accompagnamento. Il risparmio però sarebbe stato abbastanza limitato nel breve periodo, se non si fossero toccati i pagamenti già in essere, il che sembrava causare obiezioni più forti anche a livello tecnico, per non parlare del livello politico, per via della solita storia dei diritti quesiti. L'introduzione di un test del reddito sulle nuove domande di indennità sarebbe comunque qualcosa che nel medio periodo darebbe risparmi non trascurabili, visto che l'effetto sarebbe cumulato. Anche in questo caso si è per ora preferito dare precedenza a misure di impatto più rapido e meno sottoposte a rischi di attacchi da parte delle opposizioni (tagliare l'indennità agli anziani, seppur "ricchi", non suona molto bene).

Vorrei terminare questa sezione con un tema molto delicato e prono a essere strumentalizzato. Esiste nel nostro ordinamento un insieme di trattamenti pensionistici di favore che sono erogati direttamente dal ministero dell'Economia e delle finanze a individui colpiti da eventi particolari. Si tratta di pensioni di guerra, assegni ai perseguitati per motivi politici e razziali, assegni alle medaglie al valor militare, agli internati nei campi di sterminio, vittime del terrorismo e criminalità organizzata. La spesa totale non è elevata: si tratta di un po' più di un miliardo. Non vale forse la pena di andare a scavare in quest'area, vista la delicatezza del tema. Anche qui però esistono spese difficilmente giustificabili. Perché a settant'anni dal termine della Seconda guerra mondiale i figli delle vittime ricevono ancora pensioni (che hanno percepito per tutta la vita)? Altro esempio riguarda una norma che concede non solo ai soggetti che abbiano subìto un'invalidità permanente (di qualsiasi entità e grado) per effetto di atti di terrorismo ma anche al coniuge e ai figli, anche maggiorenni, e, in mancanza di essi, ai genitori, un aumento figurativo di dieci anni di versamenti contributivi, utili ad aumentare l'anzianità pensionistica maturata, la misura della pensione e il trattamento di fine rapporto. Fra l'altro, una proposta parlamentare proponeva di estendere questo beneficio al coniuge e ai figli dell'invalido anche se il matrimonio fosse stato contratto o i figli fossero nati dopo l'atto di terrorismo. La proposta era stata inserita in sede di conversione del decreto legge 90 del 2014 sulla pubblica amministrazione. È stata poi stralciata, ma il Parlamento ha approvato un ordine del giorno che impegnava il governo a ripresentarla in sede di approvazione della Legge di stabilità per il 2015. Non credo, però, che sia avvenuto.

Le spese di gestione degli enti previdenziali

Le spese degli enti previdenziali comprendono anche le proprie spese di gestione. Rispetto al totale si tratta di una componente piccola, qualche miliardo su una somma di 320 miliardi. Da qualche anno l'Inps ha iniziato un'attività di razionalizzazione delle spese con qualche risultato positivo. Nel processo di Revisione della spesa non ho approfondito il tema. Vale la pena però notare che anche in quest'area si possono ottenere risparmi. Vi segnalo una proposta che, fra l'altro, mi è stata fatta pervenire dalla stessa amministrazione Inps. È uno dei tanti piccoli esempi di sprechi che beneficiano settori particolari, in questo caso le banche.

Riguarda il recupero delle pensioni pagate a chi è già deceduto. Le banche commerciali hanno garantito in passato la restituzione all'Inps delle somme indebitamente versate, occupandosi poi del recupero delle stesse. Si stima che il costo di questo servizio (inglobato in quello pagato dall'Inps alle banche per il servizio di erogazione delle pensioni) sia valutabile in diverse decine di milioni all'anno (sulla base di una stima di quanto la Banca d'Italia richiederebbe rispetto al compenso corrisposto alle banche commerciali per effettuare il puro servizio di pagamento, ma senza il recupero delle somme versate a chi è già deceduto). Si può evitare questa spesa con una norma che dia facoltà all'Inps di richiedere l'addebitamento, senza l'autorizzazione dei titolari, dei conti sui quali sono state accreditate pensioni non dovute. Naturalmente ci sarebbe una perdita per le banche. Ogni efficientamento comporta che qualcuno perda. Ma il contribuente e l'efficienza dell'economia ci guadagnano.

È una storia a lieto fine perché la norma necessaria è stata inserita nella Legge di stabilità per il 2015 (comma 304).

14.

Il futuro della revisione della spesa: una corsa a ostacoli?

Il nostro viaggio nei meandri della spesa pubblica italiana termina con questo capitolo. Abbiamo visto che esistono margini per un ulteriore risparmio di spesa, senza ridurre la qualità dei servizi in modo significativo, migliorandoli in alcuni casi e senza alterare fondamentalmente la natura del welfare state italiano. Con questo risparmio si può finanziare un'ulteriore riduzione della tassazione. Ma si possono anche finanziare spese di alta qualità o utilizzare le risorse per ridurre il deficit e il debito pubblico. Come utilizzare le risorse liberate riducendo gli sprechi o le spese poco utili riflette, in parte, le scelte sul ruolo dello stato nell'economia. Ciò detto, ho indicato le mie preferenze: in questo momento darei la precedenza alla riduzione della tassazione, soprattutto quella del lavoro, in tutte le sue forme.

In questo capitolo conclusivo vorrei riassumere i principali ostacoli da superare per proseguire nel percorso della revisione della spesa. Non intendo ovviamente parlare delle difficoltà politiche di singoli provvedimenti. Quelle sono ovvie. Riducendo la spesa pubblica si va sempre a colpire qualche interesse, come ho ribadito più volte. Parlerò invece di ostacoli di carattere generale, che esistono indipendentemente dalla natura dei provvedimenti specifici e che, sulla base della mia esperienza di commissario, ritengo possano ostacolare la riforma della spesa a prescindere dal colore politico di chi sta al governo. Sono ostacoli "bipartisan", come si direbbe negli Stati Uniti (nello scrivere, noto che il correttore non mi segnala come errore ortografico il termine "bipartisan". Ci siamo messi tutti a parlare inglese. Verrebbe da dire: *mala tempora currunt*. Ma questo invece viene segnato come errore. Appunto).

La revisione della spesa fronteggia ostacoli a tre livelli: a livello strategico, a livello di definizione dei provvedimenti e a livello di implementazione. Iniziamo questa corsa a ostacoli con quelli a livello strategico.

Ostacoli a livello strategico

A livello strategico occorre superare quattro ostacoli.

Primo, bisogna chiarire, in termini di princìpi generali, cosa un governo ritenga sia il ruolo appropriato per la spesa pubblica, ossia quali siano i confini ritenuti adeguati per quello che il settore pubblico deve fare rispetto a quello che deve fare il settore privato. Questi princìpi generali dovranno guidare l'azione di revisione della spesa. Non tutte le parti politiche daranno la stessa risposta alla domanda "Cosa deve fare lo stato?", ma sarebbe auspicabile che tutti chiarissero qual è questa risposta.

Se non si enunciano in modo chiaro i princìpi che guideranno la revisione della spesa, le decisioni specifiche continueranno a essere preda di interessi particolari, di motivazioni passeggere o, semplicemente, del caso. Mi sarebbe piaciuto talvolta sentir dire che una certa proposta di spesa non era accettabile perché contraria ai princìpi generali di quello che lo stato dovrebbe fare. In un anno di lavoro di commissario non ho mai sentito questa frase. Si potrebbe obiettare che non c'è bisogno di avere princìpi generali per eliminare gli sprechi. Ma non illudiamoci: quello che è spreco per qualcuno, non lo è per un altro. Il problema del "perimetro" dell'azione pubblica è una questione centrale per la revisione della spesa.

Per evitare di parlare in astratto, e con riferimento a qualcuno dei temi trattati nei capitoli precedenti, vi elenco qui alcune delle domande cui si dovrebbe dare risposta a livello strategico per ancorare l'attività di revisione della spesa e, ancora di più, per chiarire le proprie intenzioni di politica economica:

- Si ritiene che occorra fare ogni sforzo per accentrare gli acquisti di beni e servizi?
- Quali princìpi saranno seguiti nel decidere se la spesa pubblica debba essere utilizzata per sostenere certi settori produttivi? Si aumenteranno o si ridurranno i trasferimenti alle imprese?
- Si intende ridurre la spesa pensionistica e, se sì, entro quali limiti?
- Si ritiene che le tariffe pubbliche debbano coprire i costi di produzione dei servizi offerti? Chi deve beneficiare di tariffe agevolate e perché?
- Quali sono le aree considerate come priorità per la spesa pubblica e quali quelle meno prioritarie?

Sono solo esempi. Rispondere a queste domande non significa fare la revisione della spesa ma significa definire indirizzi politici per un'attività che non può essere considerata solamente tecnica.

Secondo ostacolo strategico: occorre essere consapevoli fino in fondo di una cosa apparentemente ovvia, e cioè che la spesa pubblica primaria è fatta solo di tre cose: acquisti di beni e servizi, spese di personale e soldi che le pubbliche amministrazioni danno a famiglie, imprese e all'estero. Quindi, le operazioni di efficientamento di qualunque genere comportano risparmi potenziali in tutte queste aree. Ho già approfondito il tema nei capitoli precedenti per cui non mi dilungo. La sostanza è che non si può far finta che le riforme non comportino risparmi anche in termini di personale.

Terzo ostacolo strategico: occorre definire bene le priorità nell'azione legislativa evitando di mettere troppa carne al fuoco. Credo si siano fatte troppe leggi in Italia, spesso non ben pensate. Meglio sarebbe farne di meno ma migliori. Bisogna semplificare, semplificare, semplificare. Un modo per farlo è non aggiungere nuove leggi se non quelle che semplificano o quelle assolutamente essenziali.

Quarto e ultimo ostacolo strategico: occorre riconoscere che spesso scelte impopolari sono necessarie. La revisione della spesa può comportare anche revisioni di programmi che toccano non solo i soliti "pochi privilegiati", ma anche un'ampia fascia della popolazione. Rilanciare l'economia attraverso una riduzione della pressione fiscale finanziata da tagli di spesa – o anche trovare risorse per esborsi effettivamente produttivi – alla fine porta benefici per tutti, attraverso una maggiore crescita, anche se questi benefici non sono percepiti nell'immediato. Da qui l'impopolarità dei tagli di spesa nel breve termine. È necessario adottare una visione di più ampio respiro.

Ostacoli nella definizione dei provvedimenti

Passiamo alla fase di definizione e della stesura dei provvedimenti. Qui si va nei dettagli di come funziona la pubblica amministrazione. Vorrei sottolineare tre ostacoli.

Primo: spesso non è chiaro chi prende certe decisioni nei dettagli. I dettagli sono però molto importanti. La complessità dei testi legislativi è tale che i vertici dei dicasteri – a partire dai ministri – hanno difficoltà a seguire la definizione dei provvedimenti. In questa situazione si fanno talvolta errori nella stesura. Vi siete mai chiesti perché spesso il governo propone emendamenti a decreti legge appena presentati? Certo, può essere perché ci si è resi conto della possibilità di migliorarli. Ma vi assicuro che è anche per correggere quelli che sono errori chiari nella stesura dei testi.

Facciamo un esempio: la versione del decreto legge 66 del 2014, che abbiamo più volte nominato, inviata in Parlamento includeva un comma che dava la possibilità di rinegoziare i contratti di acquisto da parte della pubblica amministrazione al fine di spuntare prezzi più bassi. Questo comma indicava anche che il nuovo prezzo derivante dalla rinegoziazione avrebbe costituito un tetto a tutti gli acquisti successivi. Fin qui tutto bene (anche se, nel tempo, un tetto fissato in termini assoluti risulta problematico in presenza di inflazione). Purtroppo, il comma indicava anche che l'importo, e non solo il prezzo, del nuovo contratto avrebbe costituito un tetto per tutti i successivi contratti. Il che vuol dire che un'amministrazione, da una certa data in poi, non avrebbe più potuto concludere contratti di importo eccedente l'ammontare rinegoziato, anche se avesse comprato il doppio della quantità fissata nel primo contratto. Un chiaro errore che è stato rimediato nella fase di conversione del contratto stesso.

Il rischio di errori aumenta esponenzialmente se non si pianifica adeguatamente la preparazione dei documenti stessi, se ci si muove, in altri termini, all'ultimo minuto. Fare le cose in fretta, nottetempo nel senso letterale del termine, comporta che spesso non si riesce a stabilire ex post chi sia il responsabile di un certo testo, il che certo non serve a ridurre il rischio di errori. Questa mancanza di responsabilizzazione costituisce un ulteriore problema.

Secondo ostacolo: i vertici della burocrazia italiana sono dominati da esperti di diritto amministrativo, spesso membri del Consiglio di stato (il Consiglio di stato è l'organo supremo di diritto amministrativo, quello cui si fa ricorso dopo una sentenza dei tribunali amministrativi regionali; vedi capitolo 10). Ovviamente, chi scrive materialmente le leggi deve avere una forte preparazione giuridica, ma non è chiaro perché i vertici dell'amministrazione – i manager pubblici – finiscano per essere spesso esperti di diritto amministrativo. Forse che il diritto amministrativo dà una preparazione in campo manageriale? Il modo in cui i ministeri sono gestiti e il modo in cui le leggi sono scritte riflette anche questa inclinazione: si fanno documenti magari perfetti dal punto di vista giuridico, ma forse meno perfetti da quello dei contenuti. Si dovrebbe lasciare, al di là ovviamente dell'indirizzo politico, la definizione finale del contenuto delle leggi ai tecnici del settore cui il provvedimento si riferisce. Ai giuristi spetterebbe la traduzione in norme di tali contenuti, non la definizione dei contenuti stessi. Si dovrebbe anche evitare che esperti di diritto amministrativo svolgano funzioni manageriali, a meno che non abbiano provato di esserne capaci. Non mi si fraintenda: conosco esperti di diritto amministrativo che sono bravissimi manager. È solo che sembra che in Italia essere esperto in diritto amministrativo – se non membri del Consiglio di stato – sia quasi un *sine qua non* per arrivare al vertice di un ministero.

Il terzo ostacolo è in parte legato al secondo. Occorre rendere più trasparenti i testi di legge, cercando di aggiungere al rigore del linguaggio legale un po' di comprensibilità. Non sono di sicuro il primo a dirlo, ma non mi sembra che si siano fatti molti progressi. La Legge di stabilità per il 2015 ha circa 100.000 parole, senza contare tavole, allegati eccetera. Non è certo di facile lettura. Prendiamo a caso uno dei 735 commi (dell'unico articolo),[1] il comma 222:

> All'articolo 17-undecies del decreto-legge 22 giugno 2012, n. 83, convertito con modificazioni, dalla legge 7 agosto 2012, n. 134 e successive modificazioni, sono apportate le seguenti modificazioni:
>
> a) Al comma 1, le parole: "per ciascuno degli anni 2014 e 2015" sono sostituite dalle seguenti: "per l'anno 2014";
>
> b) Al comma 6, le parole: "Per gli anni 2014 e 2015" sono sostituite dalle seguenti: "Per l'anno 2014".

Che vuol dire? Andando a vedere l'articolo 17-undecies del citato decreto legge (che ha pure un articolo 17-terdecies) e il rinvio in esso contenuto all'articolo 17-decies si capisce che si tratta dell'eliminazione per il 2015 del bonus rottamazione (con un risparmio previsto di circa 40 milioni). Con un po' di pazienza ci si arriva (ma vi assicuro che questo è un caso relativamente facile), allora perché non chiarire nell'articolo stesso che si tratta del bonus rottamazione? Gli esperti del settore diranno che queste cose sono chiarite nelle cosiddette "relazioni illustrative" e "relazioni tecniche" che accompagnano le leggi. Le relazioni illustrative descrivono i provvedimenti. Le relazioni tecniche – ancora più importanti – sono preparate dalla Ragioneria generale dello stato e quantificano gli effetti finanziari dei provvedimenti, cosa essenziale per valutare se esiste una copertura finanziaria alle leggi. Questi documenti sono effettivamente più chiari dei testi di legge (anche se spesso non sono chiarissimi perché scritti talvolta in fretta e furia per rispettare le scadenze). Ma aiutano solo in parte. Per esempio, la relazione tecnica della Legge di stabilità che trovate facilmente sul web è quella che accompagnava il disegno di legge inviato in Parlamento, che ancora era suddiviso in articoli e commi, non quello approvato in via definitiva in un articolo unico e con 735 commi. Insomma, per gli appassionati di cacce al tesoro può essere anche divertente cercare di capire i testi di legge, ma non si tratta certo di pratiche trasparenti.

Un ultimo esempio sulla limitata trasparenza dei testi legislativi: il comma 293 della stessa Legge di stabilità:

> Per l'anno 2015, la misura del canone di abbonamento di cui al regio decreto-legge 21 febbraio 1938, n. 246, convertito dalla legge 4 giugno 1938, n. 880, da stabilire ai sensi dell'articolo 47 del testo unico di cui al decreto legislativo 31 luglio 2005, n. 177, non può superare quella fissata per l'anno 2014.

Che ci voleva a chiarire che si tratta del canone Rai?

Ostacoli nella fase di implementazione

Passiamo alla terza fase: l'implementazione dei provvedimenti. È un aspetto critico, considerata la nota lentezza nell'esecuzione dei provvedimenti che sfortunatamente caratterizza il nostro paese (anche se il governo Renzi ha accelerato in modo netto l'implementazione dei provvedimenti introdotti dai governi precedenti). Queste difficoltà di implementazione naturalmente riflettono alcuni dei problemi che ho già elencato: per esempio, se si fanno troppe leggi è chiaro che si possono creare colli di bottiglia a livello di implementazione. Ma ci sono anche altri aspetti di cui non abbiamo ancora discusso e che vanno approfonditi.

Primo ostacolo: occorre evitare che le procedure di implementazione siano troppo complicate. In altri termini, se si prevedono sette o otto passaggi legali o amministrativi perché un provvedimento possa entrare in vigore, non ci si può stupire se l'implementazione è lenta. Perché si prevedono tanti passaggi di questo tipo? Forse per un eccesso di garantismo, un garantismo spinto alle estreme conseguenze, cioè all'immobilismo.

Facciamo un esempio concreto. Abbiamo parlato nel capitolo 6, dell'importanza di utilizzare i fabbisogni standard per definire i trasferimenti ai comuni, abbandonando la pratica di trasferire risorse sulla base di quanto fatto l'anno precedente. Il percorso di approvazione del metodo di calcolo dei fabbisogni standard dei comuni (quello che definisce quanto un comune dovrebbe spendere in media sulla base delle caratteristiche del proprio territorio, della propria popolazione eccetera) richiedeva un decreto del presidente del Consiglio (un Dpcm). Per il completamento di questo Dpcm la legge prevedeva un percorso di ben sei fasi: l'approvazione da parte di un organo tecnico collegiale (la Copaff, che poi così tecnica non è, visto che comprende i rappresentanti dell'Anci), un primo passaggio al Consiglio dei ministri, un passaggio alla Conferenza stato-città, un passaggio alla Commissione bicamerale per il federalismo fiscale, un passaggio alle commissioni parlamentari competenti e un secondo passaggio al Consiglio dei ministri. Questo percorso è durato un anno e quattro mesi per l'approvazione di un documento che ha essenzialmente natura tecnica.

Si noti poi che molti decreti devono anche passare, terminato l'iter specifico previsto dalla legge, dal Consiglio di stato e dalla Corte dei conti. Tutti i decreti cosiddetti normativi, cioè che comportano cambiamenti nelle norme piuttosto che nell'organizzazione dello stato, devono avere il parere del Consiglio di stato, che li può trattenere fino a quarantacinque giorni. Tutti i decreti devono poi passare ai controlli della Corte dei conti, che li tiene spesso anche qualche settimana. Questo vale pure per decreti di un paio di pagine, o anche di una sola pagina. Non è possibile accorciare questi termini?

Il meccanismo del "concerto" tra ministeri per i decreti attuativi è un altro elemento che rallenta enormemente i processi d'implementazione dei provvedimenti. "Concerto" significa un accordo tra ministeri. Le discussioni iniziano prima a livello tecnico, intanto trascorrono spesso diverse settimane, se non mesi: ogni passaggio da un dicastero all'altro sembra richiedere pause di riflessione che non sarebbero tollerate in un'organizzazione privata. Inoltre, in molti casi, la mancanza di accordo riflette diversità di vedute fondamentali, che può essere risolta solo a livello di Consiglio dei ministri o, comunque, attraverso una discussione tra i ministri stessi. Inutile far finta che siano divergenze tecniche. Mi rendo conto della necessità di raggiungere il consenso, ma mi sembra che lo strumento del concerto dovrebbe essere limitato a qualche caso particolarmente delicato. Ogni decreto dovrebbe avere un solo responsabile per la stesura. Si potrebbe poi far circolare per una settimana una bozza di decreto e infine raggiungere il consenso in sede di Consiglio dei ministri.

Riassumendo, occorre semplificare tutte queste procedure se non vogliamo morire di diritto amministrativo. Si noti che la legge delega sulla riforma della pubblica amministrazione presentata in Parlamento nel luglio 2014, ma non ancora approvata, prevede una revisione dello strumento del concerto, un piccolo passo avanti.

Secondo ostacolo da superare in fase di implementazione: occorre verificare che le norme siano applicate, e non solo approvate, e che lo siano in modo sostanziale, e non solo formale. Abbiamo discusso nel capitolo 2 un caso eclatante di norme il cui rispetto non era mai stato verificato: l'obbligo di acquistare tramite Consip beni e servizi, a meno che i prezzi di acquisto non fossero più bassi di quelli delle convenzioni Consip. Non è certo l'unico esempio. La Corte dei conti svolge un'intensa attività di controllo del rispetto delle norme, ma molto spesso sono controlli di tipo puramente amministrativo, che guardano alla forma del processo più che alla sostanza. Non si va a vedere se i dirigenti pubblici hanno gestito bene il denaro pubblico da un punto di vista sostanziale.

Talvolta, la paura di controlli di tipo puramente amministrativo scoraggia l'innovazione (o, per lo meno, viene presa come scusa per non innovare). Vi faccio un esempio che mi è stato fatto (*relata refero*). Esistono società che ottimizzano i contratti di acquisto di beni e servizi. In altri termini, prendono un contratto, per esempio, di pulizia e lo riscrivono eliminando i servizi, che, in una certa amministrazione, non sono necessari o modificandone le modalità. Sembrerebbe che alcune amministrazioni siano restie a efficientare in questo modo i contratti, perché temono che la Corte dei conti, di fronte alla riduzione dei costi che ne conseguirebbe, osservi che, se sono stati possibili dei risparmi, significa che i contratti prima stipulati avevano comportato un danno erariale di cui i funzionari sono considerati responsabili. Come ho detto, episodi di questo tipo mi sono stati riferiti da alti dirigenti pubblici. Se non fossero veri, indicherebbero per lo meno la tendenza di certi dirigenti pubblici a interessarsi solo al rispetto formale delle norme e non all'efficientamento della gestione.

Un terzo ostacolo, collegato al precedente, riguarda appunto la motivazione dei dipendenti pubblici che devono implementare le leggi. Le leggi vanno implementate da una pubblica amministrazione che sia appropriatamente motivata. Da qui l'importanza della riforma della dirigenza pubblica prevista dalla più volte citata legge delega sulla riforma della pubblica amministrazione. Questa riforma intende legare in modo effettivo la retribuzione dei dirigenti al raggiungimento di obiettivi ben specificati. Qui però ci sono diversi aspetti che devono ancora essere definiti meglio.

- Primo: occorre che gli obiettivi dei dirigenti siano definiti in modo appropriato, in particolare, che siano coerenti con gli obiettivi dei programmi di spesa pubblica (tornerò tra poco sull'argomento).
- Secondo: occorre allo stesso tempo consentire ai dirigenti pubblici una maggiore elasticità di gestione trasformandoli da puri esecutori di regolamenti in gestori del denaro pubblico. I vincoli amministrativi attualmente imposti sono eccessivi ed entrano in conflitto con l'obiettivo

di gestire la spesa pubblica massimizzando i risultati. Al momento i dirigenti pubblici non sono manager, ma puri esecutori di regolamenti: se non possono decidere con una certa flessibilità dell'uso delle risorse disponibili, come possono essere valutati sulla base dei risultati? Per essere concreti, ciò significa per esempio consentire a un dirigente pubblico di un istituto scolastico di decidere se utilizzare una parte maggiore del proprio bilancio per comprare computer piuttosto che per pagare una gita scolastica. In questo modo i dirigenti vengono trasformati in gestori del denaro pubblico responsabili per il raggiungimento di certi obiettivi in termini di quantità e qualità dei servizi offerti alla popolazione.

- Terzo: una volta risolti questi problemi, occorre estendere il legame tra retribuzione e performance a tutti i dipendenti pubblici, non solo ai dirigenti. Questo aiuterebbe anche i dirigenti a motivare i propri dipendenti.

Obiettivi di risultato e revisione della spesa

Non posso concludere questo capitolo sul futuro della revisione della spesa, e questo libro, senza parlare di come questi processi vengono condotti in altri paesi e qual è il legame tra essi e le azioni volte a garantire un'alta qualità ai servizi pubblici.

Una premessa: il processo di revisione della spesa che ho condotto dall'ottobre del 2013 all'ottobre del 2014 è stato necessariamente ad hoc, nel senso che non è stato basato su metodi e strumenti già esistenti. Quali metodi sono stati utilizzati in pratica per individuare aree dove erano possibili i risparmi? Si sono usati fondamentalmente tre approcci, adottati anche in questo volume.

Primo: l'analisi di come certe voci di spesa sono cresciute nel tempo per vedere se avessero o no già contribuito al processo di risanamento dei conti pubblici (gli economisti parlano, in questo caso, di analisi delle "serie storiche"). Per esempio si è notato che le spese degli organi costituzionali non si erano ridotte tanto quanto le spese del resto delle pubbliche amministrazioni dal 2009, il che suggeriva l'esistenza di margini di risparmio (vedi capitolo 10).

Secondo: studi settoriali, spesso basati sull'applicazione di approcci simili a quello dei costi standard. La tecnica è stata descritta nei capitoli 5 e 6: si considerano diverse amministrazioni dello stesso tipo (per esempio diverse prefetture, diverse stazioni di polizia, diverse stazioni dei carabinieri, diversi comuni, diverse Asl) e si valuta, attraverso tecniche statistiche o econometriche, se le differenze di spesa osservate possono essere spiegate da fattori oggettivi oppure se devono essere attribuite a inefficienze di gestione. In questo modo si individuano le unità meno virtuose, che possono essere l'obiettivo di azioni di risparmio.

Il terzo approccio è quello dei confronti internazionali. Li abbiamo già discussi nel dettaglio nel capitolo 1, sottolineando la necessità di tener conto dei fattori specifici che riducono la capacità di spesa delle finanze pubbliche italiane.

Questi sono stati gli strumenti utilizzati. Esiste però un modo diverso di condurre la revisione della spesa, adoperando gli strumenti del cosiddetto *performance budgeting* (che non sono ancora disponibili in Italia e che non sarebbe stato possibile introdurre in tempi brevi).

Che cos'è il performance budgeting (mi scuso se utilizzo il termine inglese, ma è quello di solito usato dagli esperti del settore)? Partiamo dall'inizio.

In quasi tutti i paesi del mondo, fino a due decenni fa, il bilancio pubblico era essenzialmente uno strumento di carattere legale e contabile in cui venivano stanziati dei fondi che potevano essere spesi dalle varie parti della pubblica amministrazione secondo certe regole fissate in modo abbastanza rigido. In un bilancio pubblico non veniva però indicato che cosa si volesse ottenere dagli stanziamenti, quali erano i risultati e come si sarebbe valutato se i risultati auspicati erano stati raggiunti. Ovviamente si sapeva che le risorse allocate, per esempio, al settore della pubblica istruzione sarebbero state usate per pagare gli insegnanti, il riscaldamento delle scuole e così via. Ma non ci si preoccupava di indicare, per esempio, che l'obiettivo di tale spesa era fare in modo che almeno una certa percentuale degli studenti che usciva dalla scuola media raggiungesse un certo livello di istruzione matematica misurabile dal passaggio di certi test. Insomma, l'interesse era solo per gli acquisti di input per la produzione dei servizi pubblici, non per i risultati – per la performance – che si pensava dovessero essere ottenuti con quegli input.

Questo approccio tradizionale è stato gradualmente abbandonato, inizialmente nei paesi anglosassoni e poi in altri con l'introduzione di strumenti di performance budgeting (o program budgeting).

Gli elementi essenziali dei processi di performance/program budgeting sono:

- la presentazione del bilancio di un ente pubblico, a partire da quello dello stato, in termini di programmi di spesa, per ognuno dei quali vengono definiti in modo chiaro e trasparente gli obiettivi che si intendono raggiungere;
- l'attribuzione ai dirigenti pubblici di un'adeguata flessibilità di gestione della spesa pubblica valutandone la performance in termini di risultati e non solo di rispetto delle regole formali di contabilità;
- per valutare la validità di certi programmi di spesa – e a livello più dettagliato – la performance dei dirigenti pubblici – vengono poi introdotti degli indicatori misurabili di risultato;
- periodicamente, di solito ogni due o tre anni, questi indicatori, e altre informazioni disponibili, incluse indagini sul grado di soddisfazione degli utenti dei servizi pubblici, vengono utilizzati per valutare l'efficacia dei programmi di spesa pubblica. Questa revisione periodica dei programmi di spesa costituisce l'essenza delle operazioni di revisione della spesa (spending review).

Questo approccio ha trovato ormai diffusione in diversi paesi, dove spesso viene associato alla fissazione di tetti pluriennali di spesa che, se da un lato la vincolano, dall'altro assicurano anche che le varie amministrazioni possano contare sulla disponibilità di risorse a medio termine. Questi paesi includono il Regno Unito, l'Australia, la Nuova Zelanda, i Paesi Bassi, la Francia e l'Austria, per citarne solo alcuni.

L'Italia ha introdotto in modo formale le basi legali del performance budgeting con la legge 196 del 2009, anche se questa legge recepiva esperienze precedenti, che risalgono almeno al 1999. La legge 196 ha suddiviso la spesa dello stato in programmi cui sono stati associati vari indicatori di risultato e ne ha previsto l'utilizzo in modo integrato con la preparazione del bilancio dello stato. In effetti, indicatori di risultato sono attualmente inclusi nelle cosiddette note integrative di tale bilancio. Solo che nessuno li nota, né in Parlamento né fuori.

Purtroppo si è trattato di una riforma abbastanza pro forma. I programmi introdotti sono spesso mal definiti e gli indicatori utilizzati sovente sono troppo vaghi per essere utilizzati effettivamente per guidare il giudizio sulla validità di un programma di spesa.

Guardando avanti, credo che occorra quindi rendere più istituzionale il processo di revisione della spesa seguendo approcci di performance budgeting simili a quelli degli altri paesi. Questa istituzionalizzazione non è ancora parte formale del programma di questo governo ma esistono molti collegamenti tra una piena introduzione del performance budgeting e la riforma della pubblica amministrazione per la quale, come ho detto, esiste una legge delega in Parlamento. In particolare, come ho notato, la legge delega include la riforma della dirigenza pubblica. Questa riforma introdurrà processi di valutazione e di remunerazione dei dirigenti che tengono in maggior conto i risultati ottenuti. La riforma della pubblica amministrazione, quindi, fornisce un'opportunità per rendere effettiva la riforma del bilancio dello stato del 2009 e per l'introduzione di moderni strumenti di gestione della spesa pubblica basati sui risultati ottenuti. Tra questi, i processi di revisione della spesa costituiranno un momento essenziale e dovranno essere focalizzati sull'adeguatezza dei programmi di spesa al raggiungimento degli obiettivi fissati non solo in termini di spesa ma anche di qualità dei servizi resi ai cittadini.

Note

1. La spesa pubblica in Italia: chi, quanto e per cosa si spende?

[1] Naturalmente si potrebbe sostenere che tassare i detentori di titoli di stato va bene perché in questo modo si tassano "i ricchi" e "le banche". Non ne sarei così sicuro. Per esempio, dietro ai titoli detenuti dalle banche ci sono depositi bancari detenuti da tanti piccoli risparmiatori.

[2] Chi sostiene che a pagare sono sempre pensioni e sanità calcola spesso i tagli rispetto all'aumento di spesa che ci sarebbe stato senza un intervento. Si tende quindi a confondere un minor aumento con un taglio quando invece tutte le altre voci di spesa sono state tagliate in termini assoluti.

[3] In parte i comuni sono riusciti a contenere la riduzione della spesa aumentando le tasse locali. Ma anche le tasse centrali sono aumentate. Senza questi aumenti i tagli di spesa avrebbero dovuto essere più elevati sia per i comuni che per lo stato.

[4] I lettori attenti noteranno che la somma di queste voci non raggiunge il totale di 739 miliardi di spesa primaria menzionati precedentemente. La differenza (24 miliardi) è costituita da un insieme di piccole voci che non discuto per semplicità.

[5] Un terzo fattore che non è stato considerato perché è di più difficile valutazione dal punto di vista quantitativo ma che è importante (come è stato più volte ricordato dall'economista Nicola Rossi) è la dipendenza del livello di spesa dal reddito pro capite. Infatti, i confronti internazionali mostrano, anche se ci sono eccezioni, che paesi a reddito pro capite più elevato hanno tipicamente un livello di spesa pubblica pro capite (o rispetto al Pil) più alto. Ora, il reddito pro capite italiano è ormai più basso di quello di Germania, Francia e Regno Unito di un 20-25 per cento. Quindi la spesa pubblica italiana, rispetto al Pil, in linea di principio dovrebbe essere più bassa. I nostri confronti internazionali effettuati hanno invece tenuto conto di un altro punto che mette l'Italia in migliore posizione rispetto agli altri paesi e cioè il fatto che i rapporti di spesa su Pil italiani sono attualmente gonfiati dal fatto che il Pil italiano è congiunturalmente basso a causa della crisi economica iniziata nel 2008. I confronti sono stati quindi effettuati su dati corretti per la componente ciclica del Pil.

[6] I valori benchmark sono inclusi nella slide 49 del documento con le proposte della Revisione della spesa del marzo 2015. Il lettore interessato può far riferimento per ulteriori dettagli alla breve nota tecnica pubblicata sul sito della Revisione della spesa su questo tema in http://revisionedellaspesa.gov.it/documenti/Confronto_spesa_primaria_italiana_ed_europea.pdf.

[7] Si veda "Can a Government Enhance Long-Run Growth by Changing the Composition of Public Expenditure?" di Santiago Acosta-Ormaechea e Atsuyoshi Morozumi, Working Paper WP/13/162, International Monetary Fund.

[8] Non tutti gli economisti sono d'accordo sull'esistenza di questo effetto recessivo. Alcuni dicono che riducendo il deficit pubblico si riducono i tassi di interesse (perché lo stato deve prendere a prestito meno soldi e c'è più spazio per il credito al settore privato). Ma nella situazione attuale in cui i tassi di interesse sono già bassissimi, una riduzione della spesa pubblica volta a ridurre il deficit avrà effetti recessivi. Ciò non vuol dire che le politiche di riduzione del deficit non siano mai appropriate. Certe medicine ti possono indebolire come effetto immediato ma sono necessarie per evitare problemi ancora maggiori. Le politiche di austerità diventano inevitabili se i tassi di interesse che lo stato deve pagare per finanziarsi sono insostenibili (come accadeva tra il 2010 e il 2012 quando il famigerato spread raggiunse valori eccezionalmente alti per il timore che alcuni paesi avrebbero lasciato l'area dell'euro). Ma questa è un'altra storia.

[9] *La revisione della spesa come strumento per il finanziamento di... nuove spese*, 30 luglio 2014. Il lettore interessato può ritrovarne il testo al seguente link: http://revisionedellaspesa.gov.it/blog.html.

[10] Questo non è del tutto vero, visto che ci sono state eccezioni nella ripartizione dei tagli, ma è stato sostanzialmente così almeno fino al 2014.

[11] Quanto ai comuni, si ha sostanzialmente una riallocazione delle risorse tra i diversi centri ma il loro contributo netto è modesto. Inoltre i tagli alle risorse ai comuni che risultano penalizzati dalla riallocazione potrebbero essere compensati da aumenti della tassazione locale.

2. La frammentazione degli acquisti di beni e servizi

[1] Contribuisce al costo l'obbligo di pubblicazione su due quotidiani locali e due quotidiani nazionali dei bandi e dei risultati delle gare (per ogni gara si spendono circa 12.000 euro per queste pubblicazioni). Questo obbligo costa alle pubbliche amministrazioni almeno un centinaio di milioni (formalmente pagati dai fornitori, ma ovviamente questo si riflette su un prezzo di acquisto più elevato). L'obbligo, che costituisce un sussidio nascosto ai giornali, è stato sostituito con l'obbligo di pubblicazione su siti telematici a partire dal primo gennaio 2016. L'operatività di questa misura, come proposta dal commissario e come recepita inizialmente nel decreto legge 66 dell'aprile del 2014, doveva essere immediata ma è stata spostata al 2016 durante la conversione in legge del decreto da parte del Parlamento.

[2] Si veda *Rilevazione dei prezzi relativi a beni e servizi per le pubbliche amministrazioni,* Istat, edizione 2013, disponibile sul sito del ministero dell'Economia e delle finanze, dipartimento dell'Amministrazione generale, del personale e dei servizi. La media riportata è la media semplice degli scarti tra prezzi Consip e prezzi degli acquisti indipendenti.

3. *La normalità delle auto blu*

[1] Per esempio, un cittadino mi ha segnalato il fastidio causato ogni mattina dall'auto blu che prelevava il capo delle relazioni esterne dell'Anas, auto spesso parcheggiata in seconda fila con fastidi per la circolazione. In quel caso ho contattato il presidente dell'Anas che mi ha assicurato che questa anomalia sarebbe stata eliminata.

[2] Più precisamente vengono considerate "auto blu" le vetture con autista assegnate a qualcuno in via esclusiva o non esclusiva, o assegnate a uffici (più le auto, anche se formalmente senza autista, se di cilindrata superiore ai 1600 cc).

[3] Nel censimento del Formez il termine "amministrazioni centrali" include, oltre alla pubblica amministrazione centrale in senso stretto, anche enti pubblici centrali, enti di ricerca e università.

[4] Fra l'altro è possibile che il dato riportato nel testo sottostimi le auto blu di questo ministero presenti ad Ancona perché non si comprendono quelle del dipartimento dell'Amministrazione penitenziaria del ministero stesso.

4. *Le spese militari: spendiamo troppo? Di certo spendiamo male*

[1] Una piccola riduzione nella spesa deriva non dalla riforma di fine 2012 ma dai provvedimenti di revisione della spesa introdotti a metà 2012. Più precisamente il decreto legge 95 del 2012 prevedeva che risparmi si sarebbero ottenuti attraverso una riduzione delle forze armate a 170.000 unità entro gennaio 2016 e una riduzione del personale civile a 27.800 unità. Fino a questi livelli di organico i risparmi vanno a riduzione della spesa. Ma nella parte eccedente (il grosso di quella prevista dalla riforma introdotta con la legge 244) le riduzioni di spesa per il personale devono essere compensate da aumenti nelle spese per armamenti ed esercizio.

[2] I risparmi stimati dall'onorevole Giachetti sono molto più elevati (qualche centinaio di milioni) ma non tengono conto che il risparmio per il ministero della Difesa sarebbe in gran parte compensato dalla maggiore spesa per l'Inps.

5. *Il complicato mosaico della pubblica amministrazione*

[1] Una provincia, creata nel 2009, ha tre capoluoghi: Barletta, Andria e Trani. La riforma delle province approvata nel 2014 le "svuota", ma la loro eliminazione richiede una legge costituzionale in corso di approvazione (si veda il capitolo 10, sui costi della politica).

[2] Questa citazione è tratta dal testo che accompagna il disegno di legge delega.

[3] Altre "polizie" come quella ferroviaria sono, in realtà, specialità degli altri corpi di pubblica sicurezza. La Guardia costiera fa formalmente parte del ministero della Difesa anche se ha dipendenza funzionale da vari ministeri, in particolare dal ministero dei Trasporti. Non è normalmente considerata tra i corpi di pubblica sicurezza. Se la volete includere, si tratta di altre 11.000 unità e di una spesa di oltre 700 milioni.

[4] Il resoconto stenografico si trova sul sito della Camera: http://documenti.camera.it/leg17/resoconti/commissioni/stenografici/html/01/audiz2/audizione/2014/06/25/indice_stenografico.0010.html.

[5] Aggiungo, per completezza, che la Polizia penitenziaria non sembra avere una rivista ufficiale. La rivista "Polizia Penitenziaria" è la rivista del rispettivo sindacato autonomo.

[6] http://documenti.camera.it/leg17/dossier/Testi/CPtagliaen02.htm.

[7] La Revisione della spesa aveva evidenziato che le spese delle autorità indipendenti erano cresciute del 20 per cento tra il 2009 e il 2012, contro una più forte riduzione delle spese primarie delle amministrazioni centrali (vedi capitolo 1). Si veda "Proposte per una Revisione della spesa pubblica (2014-2016)", slide 59.

[8] Claudio Gatti, *I grandi sprechi della Scuola dell'economia*, "Il Sole 24 Ore", 12 aprile 2014.

[9] Si veda per esempio Sergio Rizzo, *Una tassa chiamata Aci: 191 milioni ogni anno per un registro inutile*, "Corriere della Sera", 24 novembre 2013.

6. Le spese dei comuni: quanto serve davvero agli 8000 campanili d'Italia

[1] In proposito vi consiglierei di leggere l'ottimo articolo *Lo spreco. Origini, rimedi e misure della spesa improduttiva nei comuni* di Mauro Bonaretti, ora direttore generale della presidenza del Consiglio. Lo trovate su http://www.dea.univr.it/documenti/OccorrenzaIns/matdid/matdid221876.pdf.

[2] I migliori documenti disponibili sono, purtroppo, in inglese, tra cui: *The Italian Way towards Standard Expenditure Needs*, Sose, 6 giugno 2014.

[3] Come forse avrete capito, sono un grande sostenitore di questa iniziativa, tra le più avanzate a livello mondiale. Ciò detto al momento la navigazione sul sito Opencivitas non è particolarmente facile. Ho segnalato il problema e spero sia presto risolto.

[4] Si veda, per esempio, https://www.youtube.com/watch?v=5KrMoSY-wt0.

[5] Si veda l'ottimo *The Economics of Light Pollution* di Gallaway, Olsen e Mitchell pubblicato sul numero 69 del 2010 di "Ecological Economics".

[6] Si veda, per esempio, *The Influence of Street Lighting on Crime and Fear of Crime*, di Atkins Husain e Storey, Crime Prevention Unit, Paper n. 28, London, Home Office, 1991; e *Preventing Crime: What Works, What Doesn't, What's Promising, A Report to the United States Congress*, University of Maryland at College Park, Department of Criminology and Criminal Justice, 1997. Fra l'altro, in Francia, paese dal quale importiamo energia elettrica, migliaia di comuni hanno ormai deciso di spegnere le luci nelle ore notturne.

[7] Si potrebbe obiettare che spegnere le luci per la circolazione extraurbana aumenta il rischio di incidenti. Ma non esiste evidenza empirica a sostegno di questa tesi. Sembra invece che una forte illuminazione incoraggi gli automobilisti ad aumentare la velocità, il che aumenta il rischio di incidenti. Il professor Da Lio dell'Università di Trento scrive, in proposito: "Dalla letteratura internazionale emerge che aumentare i livelli di illuminazione non influisce sulla sicurezza, anzi pare che sia opportuno non superare certi limiti, oltre i quali la sicurezza potrebbe diminuire" ("Alcune considerazioni su sicurezza stradale e illuminazione", dipartimento di Ingegneria industriale, Università di Trento, 2014).

[8] Si veda: http://www.iltempo.it/roma-capitale/cronaca/2014/08/29/troppi-furti-di-rame-il-gra-finisce-al-buio-1.1301154.

7. *Capitali coraggiosi: il capitalismo degli enti locali*

[1] Chi ne vuole sapere di più può leggere il rapporto "Programma di razionalizzazione delle partecipate locali" pubblicato il 7 agosto 2014, reperibile sul sito: http://revisionedellaspesa.gov.it/documenti/Programma_partecipate_locali_master_copy.pdf.

[2] Il dipartimento delle Pari opportunità gestisce questa banca dati per monitorare la composizione dei consigli di amministrazione. Esistono diverse banche dati pubbliche sulle partecipate. Solo di recente (con il decreto legge 90 del 2014 sulla riforma della pubblica amministrazione) si è cercato di coordinarle e fonderle. Questo è un altro piccolo esempio di come la pubblica amministrazione tenda ad agire con scarsa coordinazione tra le sue parti, con un aumento dei costi.

[3] Nello stesso anno i profitti di altre partecipate (quelle non in rosso) erano di circa 1700 milioni.

8. *Tre milioni di lavoratori (e di buste paga)*

[1] Per chi è interessato, dati dettagliati sulla pubblica occupazione sono forniti dalla Ragioneria generale dello stato nel Conto annuale del pubblico impiego che trovate al seguente sito: http://www.rgs.mef.gov.it/VERSIONE-I/e-GOVERNME1/SICO/Conto-annu/2013/.

[2] Si veda 2010 Oecd Survey on Strategic Human Resources Management in Central/Federal Governments e Oecd Labor Force Statistics Database.

[3] Diverso è il caso del pensionamento obbligatorio per il personale che ha raggiunto i requisiti di pensionamento ma che è stato trattenuto in servizio, come accade ad alti dirigenti pubblici, compreso nella magistratura. Per questi pensionamenti non esiste il rischio di "contagio" rispetto a richieste del settore privato. Ma il risparmio resta comunque limitato, come spiegato. È questo il motivo per cui la sostituzione di questo personale con giovani assunti prevista dal decreto legge 90 del 2014 ha richiesto una copertura finanziaria non trascurabile. Nelle proposte originarie della Revisione della spesa non era prevista nessuna sostituzione.

[4] La tassazione può ancora essere un problema se la sua progressività (quanto aumenta al crescere del livello del reddito) è diversa tra i vari paesi, ma questo è un problema di second'ordine.

[5] Si veda la slide 16 delle "Proposte per una revisione della spesa pubblica (2014-16)".

9. *Intermezzo: le mancette*

[1] Si veda per esempio http://www.darionardella.it/2013/12/29/di-che-taglia-sei-operazione-trasparenza/

10. *L'insostenibile leggerezza dei costi della politica*

[1] Le misure di risparmio introdotte dalla Camera sono descritte, per esempio, in "Il bilancio della Camera dei deputati – Meno spese più attività" e "Le competenze economiche dei deputati" pubblicati entrambi dalla Camera dei deputati nel 2013.

[2] Si veda, per esempio, http://www.ilsole24ore.com/art/notizie/2012-04-04/stipendi-parlamentari-impossibile-confronto-132613.shtml?uuid=AbelytIF.

11. I soldi alle imprese

[1] P. Giarda ed E. Flaccadoro, *I trasferimenti alle imprese nel bilancio dello stato,* in "Analisi di alcuni settori di spesa pubblica", rapporto di Piero Giarda, ministro per i Rapporti con il Parlamento delegato per il programma di governo, marzo 2013.

[2] F. Giavazzi, M. D'Alberti, A. Moliterni, A. Polo e F. Schivardi, "Analisi e raccomandazioni sui contributi pubblici alle imprese", rapporto al presidente del Consiglio, 23 giugno 2012.

[3] Si noti però che per il vincolo europeo sul debito (e anche ai fini del rispetto delle norme *nazionali* di copertura sul fabbisogno lordo da finanziare) questi trasferimenti sono rilevanti, in quanto incidono sull'accumulo lordo di debito.

[4] Cercando di semplificare, se una banca va in perdita può esigere nei confronti dello stato il pagamento del credito corrispondente alla minore tassazione futura che deriva dalla svalutazione dei prestiti ai clienti. Senza questo meccanismo le banche non potrebbero considerare come posta attiva questo credito ai fini del calcolo della propria adeguatezza di capitale. Gli stanziamenti di bilancio corrispondono al pagamento previsto per questa voce in un certo anno. Questo stanziamento comunque si dimezza nel 2015 rispetto all'importo del 2014.

[5] U. Arrigo e G. Di Foggia, *Gli aiuti di stato al settore ferroviario nell'Unione europea* e *La spesa pubblica per le ferrovie nei principali paesi dell'Unione europea*, Università Bicocca, Milano 2014.

[6] Preferisco non parlare della Torino-Lione: non ne so abbastanza e il caso è ormai diventato puro oggetto di controversie politiche.

[7] Si veda, in particolare, Paolo Beria e Raffaele Grimaldi, *An Early Evaluation of Italian High Speed Projects*, "TeMA, Journal of Land Use, Mobility and Environment", vol. 4, n. 3, 2011.

[8] Si veda l'articolo in FS News in http://www.fsnews.it/cms/v/index.jsp?vgnextoid=30e295a792569410VgnVCM1000008916f90aRCRD.

[9] Si dirà che chi viaggia in treno ha un reddito basso. Ma viaggia in treno anche chi ha un reddito alto e tariffe troppo basse sussidiano anche chi si potrebbe permettere di pagare di più. Semmai una parte dei risparmi derivanti da tariffe più elevate potrebbe essere utilizzata per detassare i redditi più bassi o per trasferimenti alle famiglie povere.

12. La spesa sanitaria: meglio della Germania, meglio degli Stati Uniti?

[1] Questi dati e quelli riportati nel seguito sono tratti da *The Economics of Public Health Care Reform in Advanced and Emerging Economies*, a cura di Benedict Clements, David Coady e Sanjeev Gupta, International Monetary Fund, 2012; e da *La spesa pubblica in Italia: articolazioni, dinamica e un confronto con gli altri paesi*, di Floriana Cerniglia, Università Cattolica del Sacro Cuore, novembre 2005. Daniele Franco (*L'espansione della spesa pubblica in Italia*, il Mulino, Bologna 1993) stima per l'Italia un aumento della spesa sanitaria dello stesso ammontare riportato nel testo rispetto al Pil tra il 1960 e il 1980.

[2] Si noti tuttavia che la spesa sanitaria è particolarmente elevata negli ultimi mesi di vita, indipendentemente dall'età raggiunta.

[3] Il processo è descritto in "Il monitoraggio della spesa sanitaria", Ragioneria generale dello stato, ministero dell'Economia e delle finanze, Studi e pubblicazioni, n. 1, 2014, pp. 273-274. In questo documento però si dà l'impressione che il costo standard sia utilizzato per definire il fabbisogno standard e i finanziamenti complessivi del Servizio sanitario nazionale. In realtà non è così. Si noti anche che, più che di "standard", si dovrebbe parlare di costi efficienti. Non si guarda alla "media" ma alle migliori tre regioni. In questo senso il termine "standard" è utilizzato con un significato diverso da quello utilizzato nella discussione dei fabbisogni "standard" dei comuni di cui si è parlato nel capitolo 6.

[4] Si veda *Federalismo fiscale e riqualificazione del Servizio sanitario nazionale* di Sabina Nuti e Milena Vainieri, il Mulino, Bologna 2011.

[5] Si veda la relazione *Come affrontare i prossimi dieci anni. Strategie sostenibili per il 2024*, presentata da Sabina Nuti e i ricercatori del Laboratorio Mes al convegno *Sfide e responsabilità per il futuro. Quali strategie per rilanciare il sistema sanitario pubblico?*, Pisa, 12 dicembre 2014.

[6] Il dato è tratto dal documento riassuntivo del Programma nazionale esiti, edizione 2014, disponibile sul sito del ministero della Salute. Le statistiche fornite dal Piano costituiscono una miniera di informazioni sul diverso grado di efficienza della spesa sanitaria a livello non solo regionale ma anche di singola struttura ospedaliera.

13. Le spese previdenziali: quasi metà della spesa, quasi un terzo degli elettori

[1] Si potrà anche obiettare che questi confronti rispetto al Pil non tengono in considerazione che il Pil è congiunturalmente debole in Italia a causa della recessione iniziata nel 2008-2009. Questo fattore però è meno rilevante se il confronto è fatto su dati del 2010, quando anche gli altri paesi risentivano ancora in modo marcato dello shock del 2009-2010 (l'anomalia italiana sta nel prolungarsi della recessione dopo il 2010).

[2] Chi ne vuole sapere di più su questi andamenti di lungo periodo della spesa pubblica, in particolare sulla crescita tendenziale della spesa per pensioni e sanità nei paesi avanzati, può leggere "Long-Term Trends in Public Finances in the G-7 Economies", di Carlo Cottarelli e Andrea Schaechter, IMF Staff Position Notes, 1° settembre 2010, SPN/10/13.

[3] Nel tempo questo scostamento dallo scenario di base si attenua perché minor crescita della produttività comporta anche pensioni più basse. Questi scenari sono tratti da *Le tendenze di medio-lungo periodo del sistema pensionistico e socio-sanitario*, ministero dell'Economia e delle finanze, dipartimento della Ragioneria generale dello stato, Studi e pubblicazioni, Rapporto n. 15, 2014.

[4] Si veda *Quali correttivi per le pensioni più alte?* su "Reforming.it".

14. Il futuro della revisione della spesa: una corsa a ostacoli?

[1] Ormai da anni le leggi di stabilità hanno un unico articolo, per effetto del cosiddetto "maxiemendamento" sottoposto a voto di fiducia, come necessario per superare l'ostruzionismo che ne renderebbe impossibile l'approvazione entro la fine dell'anno.

Indice